其实我不讨厌你

Toxicity in the Workplace:
Coping with Difficult People on the Job

［美］肖恩达·莱基（Shonda Lackey）　著

雍德生　译

中国科学技术出版社
·北　京·

Toxicity in the Workplace: Coping with Difficult People on the Job/ISBN:978-1646114634

Toxicity in the Workplace: Coping with Difficult People on the Job © 2020 Callisto Media, Inc.

All rights reserved.

First published in English by Rockridge Press, an imprint of Callisto Media, Inc.

北京市版权局著作权合同登记 图字：01-2021-5064。

图书在版编目（CIP）数据

其实我不讨厌你 / （美）肖恩达·莱基著；雍德生译 . —北京：中国科学技术出版社，2021.11
书名原文：Toxicity in the Workplace: Coping with Difficult People on the Job
ISBN 978-7-5046-9212-2

Ⅰ . ①其… Ⅱ . ①肖… ②雍… Ⅲ . ①人际关系学—通俗读物 Ⅳ . ① C912.11-49

中国版本图书馆 CIP 数据核字（2021）第 209058 号

策划编辑	赵　嵘	责任编辑	杜凡如
封面设计	马筱琨	版式设计	锋尚设计
责任校对	邓雪梅	责任印制	李晓霖

出　　版	中国科学技术出版社
发　　行	中国科学技术出版社有限公司发行部
地　　址	北京市海淀区中关村南大街 16 号
邮　　编	100081
发行电话	010-62173865
传　　真	010-62173081
网　　址	http://www.cspbooks.com.cn

开　　本	880mm×1230mm　1/32
字　　数	83 千字
印　　张	6
版　　次	2021 年 11 月第 1 版
印　　次	2021 年 11 月第 1 次印刷
印　　刷	北京盛通印刷股份有限公司
书　　号	ISBN 978-7-5046-9212-2/C·184
定　　价	59.00 元

「前言」

　　同事对待你的方式是否令你忍无可忍？你是否因为无法忍受"有毒"的职场而考虑辞职？你是否因自己是工作单位里唯一看穿职场文化的人而倍感孤独？每周都花大量时间考虑此类职场问题，这令你疲惫不堪，孤立无援，进退两难。

　　你或许会选择将自己的担心秘而不宣，因为你觉得别人无法理解你或者根本不关心你经历了什么。你或许会担心如果你倾诉职场问题，你的朋友、家人和同事会感到厌倦。你可能还会担心，因为他人无法对你的工作环境感同身受，所以无法理解你的挫败感。如果你的亲朋密友身处良好的工作环境，工作赋予他们使命感，并且他们在职场中最大的挑战只是时间紧、任务重或者与同事间的小矛盾，那么你的担心会更加强烈。

你选择阅读本书，很可能是由于你身处的职场环境问题严重：同事将工作任务强加于你，轻视贬低你，对你颐指气使、吹毛求疵，背后捅刀子或无缘无故大发雷霆。

你的朋友和家人也许会问你为什么不立即辞职，一走了之。然而，离职从来都不是一项轻而易举的决定。经济压力和在新岗位上不得不从头再来，往往令人无法轻言辞职，甚至仅仅是重新寻找工作，都令人头痛不已。如果现有的工作给你满足感，你也很难做出辞职的决定。你也许觉得，需要辞职或改变工作方式的是你的同事而不是你。然而，与此大相径庭的是，难相处的同事很少主动离职或者被开除。与此相反，他们会因为得不到惩罚而更加肆意妄为。更令人绝望的是，难相处的同事甚至会因为他们的所作所为而得到奖励。

在你的工作单位里，是否尖酸刻薄的同事总能升职加薪，而勤勤恳恳的你却无端遭人批评，满腹委屈？是否那些麻烦制造者会得到认同，而好处却从来与你无缘？是否你自认为某个同事对你粗俗无礼，而你的老板或其他同事却对其赞赏有加？遗憾的是，以上状况虽然令人沮丧，但这在职场却司空见惯。多年来，许多碰到类似问题的职场人士向我求助，目的是更好地与难相处的同事处理好关系，以便在职场发挥更大作用。作为一名执业临床心理医生，我成功帮助了一些无法立即辞职的职场人士找到了应对此类同事的好方法。

　　除了降低工作效率之外，"有毒"的职场行为还会导致员工出现抑郁、焦虑和其他心理问题。有时候，职场出现负能量，原因是员工有心理问题却未能得到治疗，而他们的行为干扰了职场的正常运转。然而，大多数职场管理者在这方面并没有未雨绸缪，导致此类员工给工作和同事带来负面影响。通常情况下，在讨论心理健康问题时，大多数人噤若寒蝉。那些因心理健康问题而给同事造成困扰的员工，有的不愿意暴露自己的隐私，有的则对自己行为的负面影响一无所知。无论哪种情况，指出问题的人反而可能遭到抨击。

许多人来我这里寻求帮助，是因为巨大的工作环境压力已经导致他们开始出现心理健康问题，包括抑郁和焦虑。在他们当中，有些从未有过心理问题。另外一些以前有过心理疾病，同事的不良行为使他们压力倍增，导致旧病复发。这些求助者从我这里得到的最大帮助之一，是如何在交流和行动过程中，用果断自信的态度回应同事的行为。通过治疗，他们学会了如何控制情绪和避免不良行为。在我这里接受过治疗的许多人，在发现自己所在的职场和同事拒绝改变以后，果断辞职，然后到工作氛围健康的职场工作。此外，我还帮助许多人意识到，是他们自己而不是其他人导致其职场问题不断。他们在我这里学会了用更具有同情心和建设性的方式与同事交流，最终改善了与同事之间的关系。

编写本书是为了帮助那些希望改善职场关系的人们。他们在职场中遇到了难相处的同事，并意识到同事当中有人可能存在心理问题。这些心理有障碍的人很有可能就是你的老板、平级同事或者下属。然而，本书介绍的方法不是为了替代心理治疗，那样的话就会有越俎代庖之嫌。如果你确实感到自己在苦苦挣扎，请查找职场专业机构或心理专家的信息，以便寻求有针对性的帮助。

　　本书也不是为了鼓励你对同事做出诊断。请记住，只有心理健康专业人员才有资格对他人的心理健康状况做出诊断。然而，知晓心理健康出现问题时的症状，或许有助于你正确认识同事的行为，并且不把他们的行为误以为是针对你本人。应对不良行为，可能会令人感到困惑不已和心烦意乱，但了解起因会有助于掌控局面。这样的话，你就可以降低压力，改善心态，提高工作效率，而不会因为同事的行为感到懊恼沮丧和不知所措。

我希望本书能够让你知晓，职场困惑并非个别现象。我的目的是帮助你洞察同事行为背后的原因，向你提供切实可行的策略，应对职场问题。虽然你无法掌控他人的行为，但你可以通过学习正确的应对方式来改善职场处境。

目录

难相处的同事和职场
"有毒"行为大起底

　　本章的目的是帮助你弄清楚心理健康问题对职场工作效率和职场关系产生的影响。当了解同事行为背后的深层次原因之后，你就能够有的放矢、更好地与他们互动。我将介绍常见的精神障碍，包括焦虑、情绪变化无常、个性缺陷和神经发育障碍。我还将描述上述精神障碍如何引起职场问题。最后，我将与你分享一些职场行为和沟通技巧，帮助你减轻压力，轻装上阵、提高工作效率。希望这些技巧能够点石成金，立竿见影，在促进同事关系方面助你一臂之力。

并非仅仅是个性冲突

人无完人，职场更非世外桃源。即使你很喜欢自己的工作和工作环境，你也会不可避免地遇到一些职场冲突。例如，你或许和顶头上司对如何有效完成某项工作意见不一；平常非常富有合作精神的同事可能因为某一天情绪糟糕而对你冷言冷语；当你所在的团队赶工期时，压力可能会导致同事脾气火暴，职场关系紧张。

然而，普通的职场冲突和与有精神障碍的同事相处困难，这两者之间存在较大差别。最主要的差别是，有精神障碍的同事会深陷自己的行为模式而不能自拔，导致我们几乎无法和他们讲道理，也无法通过商讨去寻求解决问题的良策。他们在行为上容易走极端，拒绝变通，并且不认为自己的行为有什么过错。这一现象在存在人格障碍的人身上体现得尤其明显，其中包括自恋型人格障碍（NPD）、边缘型人格障碍（BPD）和强迫型人格障碍（OCPD）。

例如，没有精神障碍的同事可能想在会议上力争压你一头。他们自己发言时啰里啰唆，不着重点，但在你发言时却嫌你用时过长，要点不清，催促会议进入下一个环节。在这种情况下，如果你向同事表达自己的心情和看法，提醒他们注意礼貌，他们很可能会顾及你的感受，赔礼道歉。他们还可能会意识到他们的行为将会给职场关系带来负面影响。总而言之，他们很可能会吸取教训，将来不再对你粗俗无礼。

有精神障碍的同事则大相径庭。在类似情况下，他们一般不会觉得自己有什么过错，只会认为你的发言有问题，指责你没有度量、太过敏感。他们不会顾及你的感受，也不会改变自己的行为。最终结果是，在以后的会议上他们依然如故，没有丝毫改变，就好像你不曾提醒过他们一样。

　　一般情况下，有精神障碍的人们对谁都"一视同仁"，在老板、平级同事和下属面前的表现并无差异。虽然在某些情形下，在面对比自己更有权势的人时，有自恋型人格障碍或其他类型人格障碍的同事会收敛自己的行为。不过总体而言，如果你的同事有精神障碍，他们的行为模式是持续不变的。想和这样的同事一起找到解决问题的方法往往徒劳无功，白费力气。如果这样的人身处领导岗位，下属的离职率通常会居高不下。

　　本书是为了帮助那些想尽力与难相处的同事搞好关系，但由于效果不佳而几近崩溃的人们。也许你的老板时时刻刻盯着你，确保你按他喜欢的方式完成工作。他不停地给你发邮件，在下班时间给你打电话，询问工作进展情况。也许你的团队成员中有人丢三落四、行动迟缓，导致你担心不能按时完成工作。也许团队中有人认为自己无所不知、无所不能，用居高临下的态度对待你。也许有的同事挑拨离间、无事生非，导致团队人心惶惶，士气低落，死气沉沉。如果你为了应付这样的同事而感到疲惫不堪，几近崩溃，我希望本书介绍的技巧能够在减轻职场压力方面为你排忧解难，助你一臂之力。

不要对你的同事进行精神诊断，因为只有合格的心理健康专业人士，才能通过一系列的评估对他人的心理健康做出诊断，其他人员无法确认他人是否有精神障碍。此外，各种精神障碍的症状有交叉重叠的现象，并非泾渭分明，一清二楚。因此，在没有明确诊断的情况下，你无法确认你的同事是否有心理问题。

企图为同事进行精神诊断只会让职场问题雪上加霜，因为这时你会想方设法探究他们的人性，把他们的所有行为都当成疾病症状，把他们的正常意见和建议当成耳旁风。例如，如果你的同事对某项商业战略计划持有不同意见并且态度坚决，你就会容易认为这是一种精神症状，而实际上他们的建议可能更具有远见卓识。

考虑同事的行为动机，很可能会减轻你的挫败感和压力。随着你对同事有了更深入的了解，知道他们正在经历什么，你就不会给他们简简单单地贴标签，不会认为他们的行为只是针对你一个人。你会觉得，他们也许只是在如何看待自己和他人方面有些小毛病，但并没有所谓的心理疾病。

"有毒"行为 VS 难相处人群

当你听到"有毒"这个词的时候，你的脑海里首先会想到什么？你可能会首先想到不安全、有毒的物品，例如化学危险品。此外，你也可能想到那些丑闻不断的职场。

在职场，不正常的行为贻害无穷，它们会降低工作效率，打击团队士气。这些行为还可能四处扩散，从一个部门传播到另外一个部门，进而影响整个公司的运转。

人们很容易给某个同事贴上"难相处"的标签，但这绝非解决问题的方法，因为这样做只会导致互不信任，无法沟通。双方都会觉得无法改变现状，进而心生绝望。被贴上"难相处"标签的人会认为，自己在本质上被他人定性为难相处，已经无法改变，于是就拒绝改变。此外，被贴上此类标签的人们很容易遭到排斥。这些人当中有些可能有精神障碍，他们觉得自己被污化后，疾病变得更加严重，因而就更不愿意向外界求助。

本书对事不对人，因为它的重点是讨论职场"有毒"行为，而不是职场难相处人群。重点关注同事的行为，有助于具体问题的解决。这些行为包括：他们是否想把他们自己的工作强加于你？是否在和你交谈时表现得没有礼貌？是否经常迟到或分派工作后让人不放心？把关注重点放在行为上，可以帮助你提高共情能力，对同事感同身受。同时，关注重点放在行为上也能使你更加果断自信，据理力争，维护切身利益。

本书有什么锦囊妙计？

你之所以阅读本书，也许是因为职场挑战让你进退两难，不知所措。也许是因为你不愿意全身心地投入目前的工作，正在考虑辞职前如何减少损失。通常，处于这类职业状况的人们会感到压力巨大，无计可施。

那么，阅读本书有什么好处呢？本书将提供综合信息，帮助你了解影响职场行为和职场关系的各种精神障碍，让你更好地理解同事的行为，并给你提供一些应对同事行为的锦囊妙计。我希望，把这些技巧付诸行动之后，你会减轻压力，增强信心。

此外，有些读者的老板、平级同事或下属由于患有心理疾病并且缺乏治疗，因而存在不正常的职场行为，本书同样是为此类读者量身定做的。

需要强调的是，本书所阐述的内容不能代替对精神障碍的治疗。然而，了解精神障碍方面的知识以及患病人群的行为方式，有助于减轻你在职场环境中的不满，排解愤怒和压力。同时，本书还能帮助你洞察同事的人际交往风格，获得职场交往方面行之有效的技巧。大家知道，我们无法控制同事的行为，但我们可以把控自己的时间、精力和应对策略。

常见精神障碍简介

美国精神医学学会（APA）编写的《精神障碍诊断与统计手册》（第5版）指出，精神障碍会导致患者的思考、感知和行为出现较大问题，使患者无法正常社交，因而难以应对职场和学校等多个场所的工作、学习和生活。我从该手册中选出了最容易导致职场有害行为的几种精神障碍，在下面进行简单介绍。

焦虑性障碍

焦虑性障碍的患者由于过于害怕和担心，导致日常生活受到干扰。焦虑性障碍可以分为下面几类：

» **广泛性焦虑症**：广泛性焦虑症的患者对生活过度担心，把事情想象得很糟糕，总是担心最不幸的情况将降临到自己身上。广泛性焦虑症的主要表现包括：健忘、焦躁不安、懊恼沮丧、神经紧张以及疲惫不堪。

在职场中，广泛性焦虑症患者总是担心最倒霉的情况将要发生，几乎把每件事情都当作决定命运、生死攸关的大事。他们总是心烦意乱，烦躁不安。此外，由于无法集中注意力，他们还健忘，经常丢三落四。

» 恐惧症：恐惧症患者总是感到惊恐，经常出现冒汗、心悸和气短等生理症状，有时候还会出现濒死感或失控感。他们还会感到自己以及身处的环境是虚幻的，并不真实存在。

部分恐惧症患者的呼吸可能会突然发生变化。他们有时候还会大脑一片空白，似乎游离于环境和其他人之外。如果出现这种状况，他们通常会找借口离开会议室或退出讨论，以便平复自己的情绪。

» 社交恐惧症：社交恐惧症患者特别害怕社交活动，他们非常在意别人对自己的看法，担心别人给自己负面评价。他们通常会回避可能引起焦虑的活动，即使硬着头皮参加，也会表现出强烈的不安。

社交恐惧症患者通常会尽量逃避那些需要相互配合才能完成的工作，演讲和会议发言也不尽如人意。他们还会逃避工作单位的集体活动或其他社交活动，并且几乎不参加闲聊八卦。

在第二、三、四、七章，我将做进一步阐述，帮助你与可能患有焦虑性障碍的同事打交道。

心境障碍

心境障碍患者的情绪大起大落，变幻无常。这种疾病可分为下列几类：

» **重性抑郁障碍：**重性抑郁障碍患者的症状包括：情绪

低落，对任何事情都兴趣索然；体重突然升高或降低；失眠或嗜睡；无精打采，疲倦不堪。他们还会感到自己的人生没有价值，行动迟缓，记忆力差，严重者可能产生自杀念头和行为。

在职场中，患有重性抑郁障碍的同事可能出现健忘、消极和易怒等症状。他们还可能经常迟到、请病假，在工作和生活中把自己与其他同事隔离开来。其他症状还包括语速和动作缓慢。如果某个同事以前雷厉风行、精神旺盛、办事效率很高，但现在却行为缓慢、工作效率低下，那么这个同事就很有可能患上了重性抑郁障碍。

» **双相障碍**：双相障碍分为Ⅰ型和Ⅱ型。Ⅰ型双相障碍患者不一定会出现重度抑郁发作，但一定会出现狂躁发作，即出现情绪极度亢奋和烦躁。狂躁发作的其他症状还包括：心境高涨、睡眠减少、口若悬河、思维奔逸、注意力难以集中、精力旺盛、性欲亢进以及热衷高风险活动。Ⅱ型双向障碍患者不会出现狂躁发作，但会出现轻躁发作（与狂躁发作相比，症状少，程度低，持续时间短）。他们还一定会有重度抑郁发作。

在职场中，患有双相障碍的同事可能抑郁、狂躁和轻躁症状交替出现，工作效率和工作质量起伏不定，让人难以把握。他们有时才思敏捷、极具创造力、工作高效、富有个人魅力，但有时又由于情绪的变化而变得孤僻寡言、烦躁易怒，甚至无法完成正常的工作任务。

在第三、四、七章，我将做进一步阐述，帮助你与可能患有心境障碍的同事更好地沟通。

人格障碍

人格障碍是指明显偏离正常且根深蒂固的行为方式，这种行为方式偏离了文化主流，影响了个人思维、感情、社会交往和冲动控制。

» **自恋型人格障碍（NPD）**：自恋型人格障碍的主要特征包括自高自大、操纵他人、嫉妒心强和追逐名利。自恋型人格障碍的人渴望他人的关注和赞美，自认为高人一等。他们喜欢炫耀，不能理解他人的感受，缺乏同情心。

在职场中，自恋型人格障碍的人有"万事通"的"美名"。他们似乎无所不知，无所不能。这类同事严于律人，宽以待己，犯错后逃避责任，溜之大吉。他们喜欢批评他人，并对别人的成绩吝惜赞美之词。他们还盛气凌人，对同事不屑一顾，甚至充满敌意。这样的同事还喜欢打听别人的隐私，希望找到别人的弱点进行攻击。他们只喜欢和他们认为强大的同事交往，对其他同事则盛气凌人，视而不见。即使不得不打交道，也会表现出一副居高临下、屈尊俯就的优越感。他们会抓住一切机会炫耀自己的成绩和社会关系，以便彰显自己的地位和重要性。此外，这样的同事认为，在谈话时必须以他们自己为中心，由他们控制话语权，不让别人发表意见。

如果遭到批评，他们会火冒三丈，大喊大叫，甚至威胁他人。

在第五、六、七章，我将做进一步阐述，帮助你与可能患有自恋型人格障碍的同事更好地沟通。

» 边缘型人格障碍（BPD）：通常，患有边缘型人格障碍的人，人际关系不稳定。他们害怕被抛弃，把他人想象得时而过好，时而过坏。边缘型人格障碍的症状还包括：偏执、无故怀疑他人、行为不稳定、冲动、有自杀和自残行为、喜怒无常以及无缘无故发火。

在职场中，患有边缘型人格障碍的同事情绪通常会剧烈波动，刚才还和某位工作伙伴亲如密友，过一会儿就冷若冰霜，形同陌路。他们还会暗中破坏别人的工作，试图使人出丑。他们常常打探同事是否有不安全感，然后进行针对性打击，降低同事的自信心。遭到拒绝或受到批评时，他们会大发雷霆。即使别人没有对他们提出批评，他们也会疑心过重，无端猜测和臆想。例如，如果同事正在独自思考，他们会误读同事的表情，认为同事对其不满。他们会侵入同事的个人空间或泄露同事的隐私，导致同事尴尬不安。他们还喜欢挑拨离间，惹是生非，打击团队士气。

在第五章和第七章，我将做进一步阐述，帮助你更好地与可能患有边缘型人格障碍的同事共事。

» 强迫型人格障碍（OCPD）：强迫型人格障碍患者追求完美，做事谨小慎微。他们墨守成规，过分追求细节。但是，这样做不但没有提高工作效率，反而起到相反的效果。他们常常要求别人按他们的要求行事，并且无法有效分派工作，导致责任不清。他们还可能太投入工作，以至于损害了与亲朋好友的关系。此外，他们通常不愿意花钱消费，也不愿意清理不再需要的东西。

在职场中，患有强迫型人格障碍的人们有"微观管理者"的称号。他们设立不切实际的标准，事必躬亲，不愿放权。例如，你明明准备好了演示材料，他们却无休止地要求修改，导致工作无法按时完成。他们通常不愿意改进工作方法，因此无法提升工作效率。然而，他们表面上看起来井井有条，总是用工作检查清单或其他可视化的工具检查工作进展情况。他们还可能对工作过于投入，很少请假或休假。

在第七章，我将做进一步阐述，帮助你更好地与可能患有强迫型人格障碍的同事相处。

神经发育障碍

神经发育障碍（Neurodevelopmental Disorders）患者的大脑和中枢神经系统的发育都受到损害，或者其中之一受到损害，导致运动技能、学习和交流出现障碍。

» 注意缺陷及多动障碍（ADHD）：注意缺陷及多动障

碍患者注意力不集中，会出现多动和冲动的情形。这些症状可以单独出现，也可以同时出现。患有这种疾病的人很难集中注意力，当你和他们交谈时，你会发现他们常常心不在焉。他们通常无法完成任务，丢三落四，逃避需要长时间集中注意力的学习和工作。多动和冲动的表现包括：好动，坐不住，爱爬上爬下，难以安静地做事情，话痨，打断别人谈话以及缺乏耐心。

在职场中，患有注意缺陷及多动障碍的员工常常有过度活跃和冲动的表现。他们说话不经过大脑，口无遮拦，说话伤人。在会议上，他们经常烦躁不安，没有耐心，常常无故打断别人。由于缺乏组织和条理，他们健忘，无法有效管理时间，工作岗位杂乱无章。他们还可能非常在意自己的工作，一而再，再而三地重复询问同事同一个问题。

在第三、四和七章，我将做进一步阐述，帮助你更好地与可能患有注意缺陷及多动障碍的同事相处。

拒绝接受治疗的窘境

精神障碍带来的羞耻感使患者感到难堪，因而他们不太情愿寻求治疗。他们担心，如果别人知道他们患有精神障碍，自己会遭到排斥，被其他人疏远，所以他们也不愿意谈论这方面的问题。他们会觉得自己的状况并不多见，其他人难以理解自己的处境。

然而，权威数据显示，许多人都有可能在一生中的某个时间点遭到精神障碍的打击。美国国家精神疾病联盟（NAMI）进行的一项研究表明，美国平均每年约有19.1%的成年人患有某种形式的精神障碍，人数约为4760万。换句话说，美国成年人中约有4760万人患有不同程度的精神障碍，其中19.1%患有焦虑性障碍，7.2%患有重性抑郁障碍，2.8%患有双向人格障碍。美国国立心理健康研究所（NIMH）的研究表明，在美国成年人当中，4.4%患有注意缺陷及多动障碍。

大量精神障碍患者的经历表明，从出现疾病症状到寻求治疗往往需要很多年，原因是他们不愿意或者无法寻求治疗。美国国家精神疾病联盟的报告表明，平均而言，美国精神障碍患者从首次出现症状到寻求治疗往往需要长达11年的时间，跨度非常漫长。出现这种状况的原因包括：人们对精神障碍缺乏认识，对寻求治疗的途径不太了解，缺少就医资金，担心自己的工作和生活会受到影响。

精神障碍困扰着各行各业、背景迥异的人们。然而，如果接受恰当的治疗，精神障碍患者仍然可以过上积极、阳光、幸福的生活。此外，研究人员正在进行积极探索，寻找切实可行的方法，提高精神障碍患者的心理健康水平。

如何改善职场环境

也许你的工作环境遭到同事"有毒"行为的破坏，但你却无计可施，找不到改善工作环境的方法。也许你被牢骚满腹、士气低落的同事包围，无力挣脱。抑或由于职场离职率过高，领导总是让你承担额外的工作和责任，导致你压力倍增。你的职场环境如此糟糕，以至于一踏进办公室，你就能体会到职场令人窒息的紧张气氛。虽然你具有同理心，对同事的心理健康问题表示同情，愿意施以援手。但是，随着职场"有毒"气氛的蔓延，你的工作压力陡增，你也变得自顾不暇，焦急万分，因而心生不满。

面对这种职场情景，通常情况下，你的第一个本能反应是放任自己的怨恨、怒气、焦虑和其他负面情绪，让这些情绪左右你对待同事的方式。你会觉得，其他人的行为也应当遵循恰当的原则。如果其他人的价值观、标准和原则与你不同，你会很难接受。如果你有这种想法，我的建议是，你在坚持自己的原则的同时，不要对其他人改变行为方式抱有奢望，也不要对他们的行为方式提出要求。如果你坚持自己的原则，同时又希望别人做出改变，只能滋生负面情绪，导致职场关系今不如昔，每况愈下。

身处相同的"有毒"职场环境、感受同样的职场氛围，不同的人有不同的解读和应对方式。例如，两名员工面对同样一名难相处的女同事，一名员工会说："她不应该那样为人处世，我们的职场环境糟糕透顶，就是她的原因。"而另外一名员工会这样说："我不喜欢她为人处世的方式，也希望她不要那样做，但金无足赤，人无完人。我只希望改变能够改变的事情，争取最好的结果。"这两名员工的智慧和方法孰高孰低，高下立见。

即使你身处糟糕的职场环境，和许多人一样觉得无力改变，但只要你把注意力集中到自己的行为上，你就会觉得如有神助，充满力量，认为自己有能力做出选择并改善职场环境。一旦你决定调整自己和同事相处的方式，你也许会问，有哪些具体的调整方式呢？我的建议是，首先要调整自己对待同事的行为和交流方式。调整的核心要点是，要采用"果断自信"（assertiveness）的方式设定自己的边界，即果断、自信地表达自己的需要和偏好，但同时又不具有侵略性。这种交流和行为方式，在人生不同情景当中都行之有效，屡试不爽。

如果你身处管理岗位，进行合理的通融是解决与下属矛盾的有效方法。各国在这方面有不同的法律法规。例如，1990年通过的《美国残疾人法案》规定，职场中的残疾人士（包括身体和精神残疾）有权在职场获得照顾。只要不干扰其他同事的工作，他们可以在工作任务和办公环境方面获得"合理的通融"。

例如，你单位的工作时间是上午9：00至下午5：00，但其中一位员工由于患有抑郁症，无法在上午9：00抵达工作场所，这时候，你可以进行合理的通融，给予这位员工灵活的工作时间，比如上午10：00上班，下午6：00下班。

如果你已经尽力而为，但仍然无能为力，无法独立解决与同事之间的职场难题，那么你最好向上级汇报，请上级来帮助解决问题。在极端情况下，你也可以考虑辞职，另谋高就，以便保护自己的健康和幸福。

减轻压力

根据世界卫生组织（WHO）的研究，职场"有毒"行为与员工精神和身体健康出现问题密切相关。"有毒"职场环境包括支持不足、工作时间过于苛刻、职责不清、缺乏问题反馈渠道、沟通不畅以及管理低效，这都有可能引发心理健康问题。

如果你身处"有毒"职场环境，你可能会遭到袭扰，出现抑郁、焦虑、愤怒、失眠以及其他心理问题。

还可能会出现肌肉紧张、头痛和胃痛等身体症状。这些健康问题可能导致你不得不请病假，拖累工作进程。即使你勉强去上班，也会因为情绪低落和信心受挫而效率低下。

下面我们讨论一下职场压力的危害，以便更好地认识和应对。受到外部特定事件的触发，我们的身体会做出反应，产生压力。触发事件结束后，压力也随之消失。例如，如果你一周要做三场汇报，你可能会感到非常紧张，甚至感到肌肉酸痛和头痛。然而，通常情况下，三场汇报做完之后，压力就会自然消退。

慢性压力可能会引起焦虑，即对压力的恐惧性反应。比如，假如你身处的职场充满慢性压力，你可能会担心如果你鼓足勇气去表达对工作环境的不满，有可能会被开除，被迫卷铺盖走人。如果你由于生活所迫，无法立即辞职，你就会忧虑不堪，不知道自己还能在这样的环境中忍受多久。

压力的危害性非常强，会损伤人们的免疫系统。压力还会导致人们更加脆弱，增加罹患精神疾病的概率，或者恶化已有的精神疾病，使病人的状况雪上加霜。对有些人来说，职场压力还会损害职场之外的关系，原因是他们会把职场带来的不快带到与亲朋好友之间的关系上，与亲朋好友发生语言或肢体冲突。更令人不堪的是，有的人无计可施，最终选择滥用药物，以应对"有毒"职场环境带来的压力。但这样以毒攻毒的行为，往往适得其反。

那么，如何有效应对职场压力带来的危害呢？设定边界是一个行之有效的应对策略。如果下班之后有同事因工作问题打扰你，你可以设立语音信箱，或设立邮件自动回复功能，向他们表明什么时间你可以阅读和回复邮件。如此这般，你的同事就可能不会在下班之后再去和你商讨工作事宜。如果有同事在职场询问你的隐私，令你感到不快，你可以明确告诉他们，你不愿意在职场谈论私人问题。这样的话，就可以避免以后出现类似的尴尬。总之，设立恰当的边界可以带来诸多益处，其中包括减轻压力、改善睡眠和提升自尊。这些都可以提高健康状况，有利于你全身心地投入工作。

保持高水平的工作效率

应对同事那些令人难以忍受的行为费时费力，会导致工作效率下降。从领导层来看，领导的言行和习惯为职场行为标准定下了基调，如果领导本身存在不当职场行为，整个职场氛围就会受到损害，进而导致工作效率低下。

从平级同事或下属来看，他们的不当行为可能会给职场带来毁灭性的后果，其中包括：无论你做得多么好，都被认为是不够完美的；所有人都惧怕创新，不愿意尝试更有效的工作方法；效率下降，经常不能按时完成工作任务；自以为无所不能，不愿意倾听其他人的建议。这些行为都将严重影响工作效率。

如果员工身心健康，动力十足，职场工作效率就会大幅提高。反之，"有毒"职场环境则挫败士气，对工作效率造成打击。如果你身处"有毒"职场环境，无力改变，你会感到全身心投入工作和提升工作质量并无实际意义。你可能会经常请病假，即使勉强上班，也会心不在焉，得过且过，完成最低工作标准就心安理得。这些现象同样会发生在曾经工作高效、几乎全勤的员工身上，原因是他们深受办公室政治的打击，最终只能被迫"站队"。在这样的职场中，离职率很高，留下来的员工不得不承担大量额外工作，因而苦不堪言，怨气冲天。总而言之，工作负荷增加会导致你的工作质量下降，同时也不能反映你的真实才干和能力。

即便如此，仍然有很多方法可以帮助你掌控职场情景，保持高水平的工作效率，提高工作质量。如果你是一名经理并且感觉下属士气低落，你应该面对现实，虚心征求他们的意见和想法。如果你给他们的工作负荷过重，又没有提供足够的支持，造成他们压力沉重，则可以采用适当的方式，对他们的工作进行口头表扬和物质奖励，表达对他们的认可，以提升士气，改善工作氛围。

即使你所在的职场办公氛围不佳，你又没有身处领导岗位，你仍然有办法提高工作效率。那就是，通过一些行为和沟通技巧来设立边界。虽然个人的影响有限，不足以改善职场环境，但是至少你已经做出了最大努力。

除了能够让我们获得薪酬之外，职场还可以让我们发挥聪明才干和专业特长，克服困难，迎接挑战，帮助他人，进而使我们富有成就感。然而，受职场环境所限，并不是每个人都能高效工作，体现自身价值。美国国家精神疾病联盟在一份报告中表示，在全世界范围内，心理健康出现问题，已经成为员工备受折磨甚至根本无法工作的主要原因。

员工心理健康出现问题，会增加员工和雇主的经济压力。世界卫生组织在一份报告中指出，不良的职场环境会导致员工出现精神障碍，进而会导致旷工和效率低下。美国国家精神疾病联盟的研究表明，心理健康问题每年给美国造成1932亿美元的经济损失。

同时，心理健康问题会损害员工生活质量。精神压力过大，会降低免疫系统能力，引发炎症。还会引起焦虑、抑郁和其他心理问题。根据美国精神医学学会的测算，职场慢性压力导致美国每年有12万职场人士死亡。这不但给个人造成打击，他们所在的工作单位也同样深受其害。

如果工作单位能够积极采取措施，提升员工的身心健康水平，那么每个员工都将受益匪浅。世界卫生组织表示，健康职场是指那些雇员和管理人员共同努力，积极营造、重视和提升每一名员工身心健康水平的职场。职场环境良好，不但有利于提高盈利，而且有利于提高员工的身心健康水平。每个工作单位的领导人都应当明白，如果职场环境和员工心理健康状况良好，员工和工作单位都将受益，获得双赢。美国心理学会（American Psychological Association）下属的卓越组织中心（Organizational Excellence）表示，如果职场环境良好，对员工来讲，他们的士气、工作满意度、健康水平、动机和抗压水平都会得到提升。对于工作单位而言，员工绩效、出勤率、安全性、留职率和客户服务水平都将会登上新台阶。

实用技巧

职场环境的重要性不言而喻，路人皆知。然而，不幸的是，并不是每个人都能身处健康的职场环境。许多人在糟糕的职场环境中进退两难，备受煎熬。有时候，职场是那么令人不堪，以至于你只想立即辞职，摆脱痛苦。职场的混乱让人不得不整理思路，寻求解决问题的方法。然而，这一过程又荆棘密布，充满挑战。

制订应对"有毒"职场的计划，对你的身心健康非常关键。从多个角度思考问题，通盘考虑各项选择，你就会觉得不那么孤立无援。在制订计划时，关键点是要把你所能控制的事情包含进去，而你所能控制的第一件事情是你与同事交流和互动的方式。如果将其稍加改变，你的职场环境就有可能大幅改善。本书介绍了几种切实可用的具体技巧，你今天就可以开始尝试。这些技巧能够帮你减轻职场压力，克服挫败感。刚开始使用这些技巧时，你可能觉得并不习惯。然而，坚持不懈地应用，尤其是养成果断自信的习惯之后，你就会尝到甜头，信心倍增，进而会主动尝试更多的技巧。

如果你竭尽所能，采用各种方法解决职场冲突，但同事的行为还是继续影响你的身心健康和工作质量。这种情况下，你或许不得不考虑更换工作，另谋他就。即使到了这种地步，你仍然可以感到非常自豪，因为你已经勇敢地表明了自己的观点、立场，并且在解决问题方面做出了努力。这时候的你应该感到问心无愧，毫无遗憾。你可以着手寻找职场氛围健康的工作，使自己的自身价值和贡献得到同事与上级的认可和尊重。

理论和实践基础

本书的建议都具有理论和实践基础。换句话说，这些技巧的有效性已经被美国心理学会的研究所证实。在应用认知行为疗法（CBT）帮助人们应对职场心理问题时，我使用了其中的部分技巧。需要特别指出的是，我鼓励我的病人使用果断自信的沟通和行为技巧，帮助他们确定并设定职场边界。我还和他们一起开展认知行为演练，帮助他们练习在实际的生活环境中表达自己真实的想法，采取自己所希望的行为举止。

心理学家阿尔伯特·艾利斯（Albert Ellis）博士
和精神病学家亚伦·T.贝克（Aaron T.Beck）博士是
认知行为疗法研究的两位先驱。根据个人对环境的看法
将会对其情感和行为造成影响这一前提，他们提出了相
应的疗法。美国规模最大、设备最先进的综合性医疗中
心梅奥医学中心（Mayo Clinic）的研究表明，认知行
为疗法强调将适应性差、非理性的思想转变为合理、平
衡的思想，以便使个人的行为和情感反应具有更好的适
用性。

斯皮德（Speed B.C）、戈德斯坦（Goldstein B.L）
和古德弗里德（Goldfried M.R）三位精神病学和心理
学专家曾共同发表过一篇论文，总结果断自信的益处。
论文提到，精神病学家和行为疗法先驱约瑟夫·沃尔
普（Joseph Wolpe）博士提倡通过训练果断自信来减
轻焦虑。沃尔普博士和同事、心理学家阿诺德·拉撒

路（Arnold Lazarus）博士，一起发明了一套评估果断自信的方法。根据这一评估方法，那些能够明确表达自己的需求、勇于说"不"、敢于表达真实感受并在对话中展现沟通技巧的人，被认定为果断自信的人。古德弗里德博士和行为疗法专家杰拉尔德·戴维森（Gerald Davison）博士在上述评估方法中增加了认知能力测评，力争使该评估方法尽善尽美。两位专家认为，人们之所以缺乏果断自信的魄力，很可能是因为害怕勇敢说出自己真实想法之后，会成为众矢之的，影响自己和其他人的关系。

斯皮德、戈德斯坦和古德弗里德三位专家还指出，科学研究表明，如果人们的行为缺乏果断和自信，他们产生精神障碍的概率就会上升。同时，缺乏果断自信还很可能导致缺乏自尊以及较差的人际关系。科学研究还表明，进行果断自信训练能够改善上述问题。然而，需要指出的是，虽然某些技巧对一部分人有效，但尚未发现对所有人都有效的全能技巧。

当你决定使自己的行为果断自信的时候，尤其是当你首次使用此种行为方式的时候，你需要提前对别人的反应有所准备。斯皮德、戈德斯坦和古德弗里德三位专家指出，有研究表明，性别差异可以影响人们对果断自信行为的看法。女性如果在职场表现得果断自信，可能会招致负面评价。然而，请记住，无论他人如何评价，如果你增强了果断自信的能力，那就意味着你能更好地保护自己。要记住，其他人如何评价是他们自己的问题，不要让别人的评价影响到你。

本书实际上提出了两个问题，即"如果自己的精神障碍问题给职场关系造成负面影响，应该怎么办？"以及"如果其他人的不良职场行为导致自己出现精神障碍问题，应该怎么办？"在这两类人员向我求援时，我都成功地向他们提供了有效帮助。事实上，本书多个"令人头疼的熟悉场景"部分，就是受到上述经历的启发而编写的。然而，需要指出的是，所有的场景都是假设的，并不特指某些个人或公司，切勿对号入座。

在与精神障碍患者有接触的人们当中，大部分人不善于设定边界，沟通技巧也有待提高。因此，思考这方面的问题非常重要。如果我们未雨绸缪，那么在工作中接触到此类人群的时候，我们不但能够心平气和地设定边界，并且能够清楚、有效地与他们沟通。这样一来，职场关系将大幅改善。

付诸实践

本书介绍的技巧主要是职场交流和行为技巧。你可以立即将这些技巧付诸实践，检验它们的效果。无论同事如何反应，你做出努力进行改变，这件事情本身就会赋予你力量。此外，即使效果不佳，你选择辞职，离开顽固不化、拒绝改变的职场时，也会对自己充满信心。

本书包含多个"对话示例"模块，列举了在职场中如何与上级、平级和下级进行对话。它们的作用是帮助你用果断自信的方式表达自己的诉求。当有人对你粗俗无礼时，你或许会感到出乎意料，或者不知道如何平静且有效地应对。表达时果断自信，是指用果断和自信的方式表达自己的思想情感和偏好，同时又尊重对方，表达方式温和委婉，不具有侵略性。果断自信能够增强自尊、降低压力、减少怒气和怨恨，还能消除其他负面情绪。

在如何进行果断自信的表达方面，梅奥医学中心提供了一些建议，其中包括：用"我"开头的句子去表达自己的想法；勇于承担责任，不无故责怪他人；语气平和、自信，保持眼神交流；一时不知如何回应时，可以暂时离开现场，考虑应对策略；平常要练习自己想要说的话，以便现场表达时更加沉着坚定、从容不迫。

著名职业发展博客"心灵工具"（Mind Tools）提出了一条重要建议，即职场人员应该使用果断自信的交流方式，使自己在职场更加轻松自如。该方法的具体步骤为：第一，说明存在问题的事件或行为。第二，用"我"开头的句子表明自己的感受。第三，明确表达自己的诉求。第四，告知对方，满足或者不满足你的诉求，对他们分别有什么好处和坏处。有时候，你需要重复自己的意见，这时只要简单地提醒对方你上次说过什么即可。本书"对话示例"模块包含了果断自信地进行交流的建议，你可以结合具体情况加以应用。

华金·萨尔瓦（Joaquin Selva）在积极心理学网站发表的文章中阐述了设定边界涉及的方方面面，其中包括设定心理和身体边界，保护自己免受伤害。恰当的边界能够避免或降低倦怠、怒气和怨恨。有些人设立的边界太过宽松，甚至愿意回答冒昧的问题、允许别人毫无礼貌地与其交谈以及容忍别人入侵自己的私人空间。另外一些人设立的边界则太过严格，以至于显得自己疑心过重、不给别人争取信任的机会并将自己与大多数人隔离开来。边界过松或过严，都不利于打造和谐融洽的职场关系，而健康的边界松紧得当，有利于与同事建立良好的关系。

通常，我们设立的职场边界与我们的价值观、信仰以及希望同事如何对待我们有关。例如，如果你尊重私人空间，希望保持恰当的距离，那么当同事距离你只有约5厘米的时候，你就会后退，或者提醒同事保持距离。如果你认为同事之间应当相互尊重，那么当你所在团队的成员与你交谈时摆出居高临下的态势时，你就会觉得非常不适。如果你认为同事应当保持良好的职场关系，坚信这样的关系能够提高工作效率，那么当有同事挑拨离间、无事生非时，你就会痛心疾首，扼腕长叹。当我们设立职场边界之后，如果有人越界，我们就应当立即用坚定和明确的语气表明自己的立场。在上述原则的基础上设立和维护边界非常重要，尤其是在应对可能有人格障碍的人们的时候，因为这类人群的人际边界通常模糊不清。

职场人士都应该花时间思考如何设立职场边界，最好向自己提出这样的问题：我和哪些同事建立了良好的边界，我和哪些同事之间的边界应该进一步明确。

小测验助你做决策

在职场中，你的工作效率受到了某些同事"有毒"行为的影响吗？请通过下面的小测验评估你的职场环境。

① 你的同事是否经常窃取你的观点，打断你的发言或用其他无礼的方式对待你？

② 你所在的职场是否职责划分不清，导致你承担额外的工作？

③ 你是否经常受到责备，但却很少受到表扬或得到支持？

❹ 是否有人不顾你的身心健康，要求你达到不切实际的标准？

❺ 你是否不敢公开表态，害怕表达自己的意见？

❻ 当你考虑工作时，是否感到伤心、焦虑、生气，或者有头痛或胃痛等不适症状？

❼ 你的同事中是否有人入职后不久就辞职？

对于上述问题，你的回答中"是"越多，你就越可能已经身处效率低下、气氛糟糕的职场。你应该考虑尝试使用本书提出的建议，尽可能与同事直接解决有关问题。有些情况下，你还需要寻求经理或其他级别较高人员的帮助，共同改善职场关系。

如果你的努力付诸东流，无法奏效，你可以考虑制订离职计划，其中包括搜索招聘信息和增加储蓄。如果你在应对职场心理伤害方面需要专业指导，请寻求有资质的心理健康专业人员的帮助。

如何与焦虑的
同事沟通

你的同事中是不是有人对自己和其他同事缺乏信心，杞人忧天，总是担心最糟糕的事情将要发生？他们是不是一而再，再而三地提出相同的问题，以至于你对自己的工作能力产生怀疑？他们是不是由于不敢就项目中的问题请示经理，自作主张，以至于拖慢了整个团队的工作进程？在职场中，如果有人不断检查你的工作，拖延工作进程，或对他们自己以及整个团队持消极态度，你一定会感到非常沮丧。

如果你的同事中有人对自己和其他同事信心不足，需要不断地被安抚，那么这样的同事有可能患有焦虑性障碍。了解焦虑性障碍的症状，能够帮助你更好地了解此类同事的行为举止。由于他们对完成工作存在恐惧感或不安全感，他们总是需要你的安抚，需要你告诉他们工作进展顺利，一定能够成功完成。这些同事之所以这样做，是因为他们追求完美，自我怀疑，以及过度担心事情会失去控制。

　　在本章中，你将学到具体技巧，帮助你更好地与可能患有焦虑性障碍的同事进行交流，并在与他们互动时划定恰当的边界。你还将学到一些把工作与个人生活分离的技巧。此外，本章还将介绍一些方法，帮助你避免因同事的不安全感而影响自己，产生连锁反应，从而降低你对自己的信心。

令人头疼的熟悉场景

约翰在一家市场分析公司任职，管理着一个分析师团队。最近几个月，有几名分析师多次提出，能否把一些新研究方法应用于数据分析，以便既得到更精确的数据，又提高工作效率。约翰每次都答复他们说，他担心研究部主任不会同意使用那些方法，很难如愿以偿。约翰还担心新方法的培训费太高，学习时间过长，得不偿失。

约翰与团队成员的交流方式也存在不足，他说话过于急促，语调盛气凌人。在会议上发言时，他语速飞快，团队成员很难跟得上。此外，当别人提出的问题出乎他的意料时，他显得很慌乱，不能从容面对。他似乎压力过大、健忘，经常忘记自己不久前说过什么。有时候，人们会看到他在办公室之间跑来跑去，显得六神无主，好像发生了什么紧急事件。此外，当他感到挫败和紧张时，会自己一个人躲进办公室，既不寻求帮助，又让别人无法施以援手。

目前，约翰领导的团队正在为一家食品饮料公司做项目。虽然一切进展顺利，没有迹象表明工作进度会滞后，但约翰还是要求分析师们每天都要多次向他汇报工作进展情况。分析师们都十分繁忙，连午饭都不得不在办公室吃，但约翰仍然会打断他们的就餐，向他们提出各种问题，或者告知他们工作中的各种事项。他甚至在分析师下班回家后还给他们发电子邮件或者打电话，干扰他们的生活。

即使分析师们对分析研究进行了复核，结果完全一致，约翰也还是坚持让他们再复核一遍，以防万一。他总是不停地问："如果 …… 怎么办？"他是一个悲观主义者，总是担心最糟糕的情况将会发生。他还建议分析师们将数据和文件在多个地方备份。其实，不用他提醒，大家都会那么做。他不厌其烦地告诉大家，之前由于团队收集的数据出现错误，他丢失了项目。其实，那件事情是发生在多年以前的陈年旧账，并且他当时在另外一家公司任职。那时候他还没有加入现在的公司，更没有管理现在的团队，因此那件事情与现在的团队没有半毛钱的关系。虽然他的团队成员对他的建议表示感谢，并表示一定遵照他的指示去做，以避免类似的错误，但他仍然不放心，不停地询问他们是否按照他的指示采取了行动。

约翰的焦虑情绪在整个团队中弥漫开来，团队成员不停地相互提出和约翰一样的问题。雪上加霜的是，有的分析师变得不相信他人，甚至开始自我怀疑。由于他们害怕向约翰表达自己的感受，因此他们之间开始发生争执。此外，部分团队成员假装生病不上班，导致另外一些成员为了赶进度不得不加班和推迟休假。在这种情况下，整个团队乱成一锅粥。

约翰告诉团队的分析师，在他亲自运行数据之前不要开始下一步的工作，运行数据并获得同样的结果之后，他才通知分析师准备演示材料。由于约翰毫无必要地重复其他人的工作，导致工作进程缓慢。截止日期日益临近，分析师们不得不加班加点，力求挽回时间损失。这反过来使约翰更加焦虑，对下属催促得更紧。约翰始终弄不明白，他已经竭尽全力确保工作进展顺利，但为什么总是事与愿违，团队工作进程总是落后于计划。

解决问题

在你所处的职场中，如果有同事患有焦虑性障碍，你的挫败感和压力都会陡增。他们与你的互动方式导致你怀疑自己的能力，降低自己的信心。他们不停地检查

和询问，使你觉得他们不相信你有能力做好工作。由于
应对和安抚他们占用了你的宝贵时间，你集中精力做工
作的时间相应减少，这样会导致你手忙脚乱，工作质量
下降。

与这样的人共事时，非常关键的一点是要达成一致
的工作预期，并设定切实可行的目标。此外，你还需要
考虑如何在工作和生活之间寻求平衡。例如，决定多长
时间汇报一次工作最新进展，以及什么时间你可以回复
邮件和电话。

请记住，如果你的同事患有焦虑性障碍，他们的
行为是被他们自己的恐惧所驱动的。他们能够改变自己
的行为，但前提是他们自己必须下定决心去改变，别人
无法越俎代庖。就你而言，你无法控制同事的行为，但
你可以控制自己，不要让他们的行为改变你对自己的看
法，降低你对自己的信心。

对话示例

下面的对话展示了几种不同的技巧，帮助你采用果断自信的交流方式与可能患有焦虑性障碍的同事进行沟通。你将学习如何指出他们行为中存在的问题，如何表达你自己的感受，如何陈述你的偏好，以及如何明确地告诉对方为什么做出改变后双方都将受益。

患有焦虑性障碍的人，他们在职场与其他人互动时，几乎都采用相同的方式。例如，如果担任经理等领导岗位，由于总是担心工作进展情况和项目结果，他们通常都会要求下属不断汇报工作进展状况，以平复内心的焦虑和恐惧。同时，他们常常对自己和他人期待过高，好高骛远。其他表现还包括：不愿意分权；总是让别人做没有必要的修改；将自己的工作方式强加于人。他们的这种行为常常会导致工作延迟、逾期，士气低落，团队成员也会对自己和其他人的工作能力产生怀疑。

经理：上次你告诉我，你准备对数据进行分析。从现在起，我需要你每小时向我发送一封电子邮件，告知我这个项目的进展情况，以便让我知道工作正在按计划进行，能够按时完工。

你：我理解您想要按时完成项目的迫切心情，我也有同样的愿望。但是，您让我每个小时都向您发送一封邮件，我觉得难以做到，原因是如果我不时停下来向您汇报，我就很难集中注意力进行分析。我的建议是，在每天工作结束前，我们面对面直接就项目进展情况进行交流。

经理：我只想确保我们能够按时完成项目以及项目分析的准确性。如果我们的分析报告毫无新意，无法给客户提供有洞察力的见解，那该怎么办？如果我们无法提供准确的数据，我们将来就会失去这个客户。

你：我同样希望把这个项目做得很漂亮。如果我们在每天工作结束前当面交流，而不是我每个小时都向您发送邮件，那么我将有更多的时间全神贯注地工作，确保分析的准确性。这样的话，我们的报告将会数据准确、见解独到，客户自然而然就会把更多的项目交给我们去做。

在上述对话中，"你"在首次回应经理时，对经理的工作安排和担忧表现出了同理心。"你"还告诉经理，双方有相同的目标，那就是希望在截止日期之前高质量地完成工作。明确这一点后，"你"表达了自己的感受，并且就如何向经理汇报工作进程提出了新建议。

与上述那位经理一样，那些可能患有精神障碍的平级同事或下属也常常希望能够提前预知问题，以便在解决问题方面掌握先机。然而，随着他们的焦虑程度愈来愈重，他们就会问一些诸如"如果 …… 怎么办？"之类的问题，令人不爽，甚至让人感到难堪。虽然这些同事或下属不是你的上级，但由于你和他们共事的时间很长，他们的行为也会影响到你，使你感到紧张。如果发生这种状况，焦虑就会传播到你本人以及团队中的其他成员身上，导致整个团队弥漫着焦虑的气氛。

平级同事：你确信数据已经正确编码了吗？让我先看一下，然后我再继续进行分析。

你：这是你今天第二次问我这个问题了。你第一次问我的时候，我们已经把这个问题解决了。

平级同事：我只是不愿意出错罢了，没有别的意思。如果原本可以在我开始工作前将错误代码更正，但却没有那么做，最后导致我不得不重新把分析做一遍，那该怎么办？

你：在我向你保证我将尽最大努力之后，你仍然向我提出同样的问题，这使我在心里对自己能否完成这项工作产生了怀疑。我觉得你还是在我完成全部编码之后再去检查。这样的话，我就可以在第一轮编码的过程中全神贯注，尽最大努力保证编码的准确性。你在第二轮的时候对数据进行复核，相当于对我的工作准确度又加了一层保险，这样就会万无一失。

在上述对话中，"你"首先用客观事实指出对方行为存在的问题，强调对方已经在同一天内两次询问数据问题。当同事仍然担心最糟糕的事情将要发生并重复询问相同的问题时，"你"表达了自己的感受，提供了更好的复核建议，并指出为什么这么做对双方的工作以及项目的成功都大有裨益。

下属：您的客户打来了电话，她说她想和您直接交谈。

你：她说是什么事情了吗？

下属：没有。如果他们对工作进程时间表不满意怎么办？如果他们想把项目交给其他研究所怎么办？

你：你问这样的问题，我真感到很崩溃。我希望你以后向我报告的时候，准确告诉我客户说了什么以及客户是否有具体的担心和需求。这样的话，我们就可以集中精力解决最紧急、最重要的事情。

在上述对话中，下属在信息量很小的情况下，向"你"抛出项目出现问题的假设，令人丈二和尚摸不着头脑。"你"首先明确表达了自己的感受，提出了自己的方法，然后说明自己的方法为什么对两个人都有好处。

设定边界

在设定你与可能患有焦虑性障碍的同事之间的边界时，很重要的一点是，要把他们的不安全感与你木人的不安全感隔离开来，做到泾渭分明。此外，你还需要平衡工作和生活之间的关系。

下面是设定此类边界的几条建议：

* 讨论期望值：在项目开始之前，你要和同事讨论对项目的期望值和所担心的问题。这样的话，你们就有机会就期望值达成一致，并且在预判有哪些潜在障碍方面取得共识。虽然你不可能预测工作进程中可能出现的所有问题，但与他们进行讨论并就期望值达成一致，有助于你未雨绸缪，更好地完成工作目标。

* 预判潜在问题：你要向同事明确表明你打算把工作做得漂亮、出色，还要确定应对潜在问题的策略。这样做可以平复他们的恐惧感，因为他们总是过度担心，无法把精力集中在恰当的地方。你要对潜在问题进行预判，排除他们不切实际的期望值，否则你将不得不为了达到他们的目标而疲于奔命。你需要告诉他们，为什么他们的期望值不切实际，以及为了达到那样的期望值而不得不浪费的时间、精力和其他资源。你要向他们着重强调为什么切合实际的期望值将会提升工作效率。

* 制定质保措施：质保措施有很多，为经理提供检查清
  单是其中的一个好方法。检查清单能够减轻经理对项
  目结果的担心，并且确保经理对你的工作评价客观公
  正。如果经理对你所做的工作不满意或者需要你去改
  进，也能够以质保措施为依据，提出具体和建设性的
  反馈意见。

* 制定时间表：你和同事要制定共同的时间表，在约定
  的时间讨论工作。这样做有助于双方都避免不必要的
  打扰，保证工作进度。

* 寻求帮助：碰到自己不能独自解决的问题时，尽早告
  知同事，这样做有助于你尽早找到解决办法。许多职
  场人士在出了问题之后向同事隐瞒，但这样做只会使
  问题变得更糟。

* 不要在办公室吃午餐：如果你在办公室吃午餐，同事
  就有机会向你提出工作问题或其他问题。在其他地方

吃饭等于发出一个信号，即你不希望被打扰，以便休息后能够恢复元气，精力充沛地投入下午的工作。

* 了解部门政策：你应当对你所在部门的政策非常了解。如果部门没有规定下班时间是否应该接听工作电话，你可以设定下班时间接听电话的条件（比如在紧急情况下可以接听电话）。这是个人决定，不一定要求其他人效仿。

* 设定语音电话和电子信箱留言：你可以设定留言，让所有人知道你如何回复工作电话和电子邮件。例如，你可以告诉对方你多长时间以后回复电话。还可以设定电子信箱自动留言，告诉发件人你什么时候能回复邮件。比如，你可以设定这样的自动留言："工作日下午5：00至早上9：00以及周末不回复邮件。"

📝 技巧总结

如果你的同事可能患有焦虑性障碍，你应当牢记，他们的行为常常源于自我怀疑以及对失控的恐惧。明白了这一点，你就可以把同事的不安全感与你自己的不安全感隔离开来。这样的话，你就能够专心工作。此外，你还应该对潜在的工作障碍进行预判，以便在问题真正出现之后从容应对。

如何与注意力不集中的
同事沟通

　　你的同事中是不是有人总是心不在焉、丢三落四、毫无动力？他们是不是越来越跟不上工作进度，导致你不得不承担额外工作？如果是这样的话，你恐怕已经厌倦不已，因为你不想继续为他们打掩护或等待他们跟上工作进程。

　　注意力难以集中是精神障碍的症状之一。在职场，难以集中精力做工作的员工或许正在与精神障碍做斗争，其中包括重性抑郁障碍、双相障碍、焦虑性障碍和注意缺陷及多动障碍。请记住，只有具有资质的心理健康专业人士才能诊断其他人是否患有精神障碍。然而，了解同事表现出来的症状，或许能够帮助你理解他们的行为。这样的话，你就不会把他们的行为认定为只针对你自己，就不会心生怨恨，进而就能集中精力完成自己的工作任务。

在本章中你将学习如何识别工作时无法集中注意力的同事，尤其是那些有可能患有重性抑郁障碍和双相障碍的同事。由于心理障碍而无法在职场集中注意力的员工，他们的行为经常是源于记忆受损，也就是说，他们在保留或回忆信息方面存在较大困难。在抑郁发作时，他们会受到消极想法的影响，这些想法可能是关于他们自己、其他人或环境的。这些想法会导致他们分心，注意力无法集中。与此相对应的是，在狂躁或轻躁发作时，他们心境高涨，思维奔逸，同样无法集中注意力。此外，在本章中你还将学习如何提高与有上述症状的同事沟通的效果，如何设置与他们之间的边界。这些信息能够帮助你尽快采取干预措施，避免职场工作效率下降。

令人头疼的熟悉场景

凯拉是一家医院的计费员。几年来她勤勤恳恳，处理工作快速高效，为自己赢得了良好的口碑。

然而，过去三周，凯拉连续迟到。刚开始时，她只是迟到15分钟左右。第3周时，她几乎每天都至少迟到30分钟。到单位后，她看起来无精打采，昏昏欲睡，需要好一段时间才能安顿下来。当她想从上一次结束的地方继续工作时，她不知所措，不知道应该从哪里开始。她的办公桌上杂乱无章，到处是写有工作日程的便签以及堆积如山的文件。

凯拉的休息频率过高，明显不正常，但她对同事说她需要让大脑清醒。同事们邀请她一起共进午餐时，她通常会拒绝，宁愿一个人独自用餐。她在非休息时间段内在员工休息厅打盹儿，被好几个同事发现。然而，这种休息似乎不能帮助她提高注意力。她向多个同事询问计算机操作的一些基本问题，但在以前这些问题对她来讲是小菜一碟。更为糟糕的是，她甚至会忘记如何使用那些自动生成保险费的计算机程序。

凯拉的同事发现，她经常茫然地盯着计算机屏幕，大脑似乎一片空白。团队开会时，她总是心不在焉。当主任问她如何提升对病人的服务水平时，她让主任把问题重复一遍，暴露了自己走神的状态。当同事们请她发表意见时，她同样会出现类似情况。

当病人询问有关账单的问题时，凯拉经常听了后面忘了前面。即使做笔记也不管用，原因一是她总忘记刚才别人说了什么，二是她的笔记杂乱无章，连她自己都无法辨认。她常常在无法回答病人的提问时让病人在电话那端等一下，自己咨询别人后再回答他们。然而，她有时候会忘记对方仍然在等待。有时候她甚至非常崩溃，不得不将病人的电话转接给她的同事。

手头同时有几项工作时，凯拉的压力最大。她不得不加班加点赶进度，而那些工作其实早就应该完成。由于手忙脚乱，她在录入病人账单时，总是会犯下更多的错误。

病人们向凯拉的主任抱怨，凯拉经常录入错误的医疗服务项目，导致计费错误。此外，有几家保险公司已经拒绝了凯拉经手的一些医疗保险支付申请。主任在核查中发现，由于粗心大意，凯拉把医疗代码弄错，导致账单出现错误。凯拉所在的医院声誉一向良好，但由于凯拉的所作所为，主任开始担心医院的声誉受损。

凯拉的同事也感到非常沮丧，因为他们不明白为什么凯拉的行为会发生如此大的变化。此外，凯拉的行为还将她的同事们置于风险之中，令他们非常尴尬。凯拉有时候请同事为她保密，不要将她在休息厅小憩和上班迟到的事情告诉主任。她还请同事们替她上报一些医保申请单，以便自己能赶上工作进度。大多数同事刚开始的时候很乐意帮忙，但他们现在也感到不太舒服，因为他们不愿意总是向主任撒谎，也不愿意无休止地承担她的分内之事。

凯拉想尽一切办法，企图赶上工作进度。她还想恢复以前的工作效率。然而，她实在是无法集中注意力。

解决问题

与无法集中注意力的同事共事充满挑战。刚开始时，你或许很乐意帮助你的同事，给他们提醒，甚至同意给他们打掩护。然而，如果问题持续下去，你恐怕会怨声载道，因为他们的行为会拖延你自己的工作进程。

一旦遇到这样的问题，我们需要尽早把它解决掉。如果你的某个同事此前工作效率很高，现在却无法集中注意力，你或许很容易就能察觉出来。然而，这种情况并不经常发生，因为行为变化需要一定的时间才能发展到一定程度，才能引起别人的注意。如果你的同事只是短暂或者偶尔出现注意力不能集中的情况，你不必大惊小怪。然而，如果某种行为模式影响了职场工作效率，你就必须重视起来，尽快采取行动，将问题解决在萌芽状态。

如果你发现某个同事无法集中注意力，你应该与其进行单独交流，避免在大庭广众之下谈论此事。还有一点需要注意的是，谈话时绝不可屈尊俯就，表现出高人一等的态势。请注意，好的沟通方式有助于解决问题。工作场所不佳和工作负担过重同样可能导致员工无法集中注意力。有的同事注意力无法集中，或许只是因为工作地点过于嘈杂；有的同事工作不堪重负，或许只是因为对他们的要求过高。此外，有的同事记忆力受到损伤，总是忘事。这时，你可以通过多种方式与其进行交流或对其提醒，以帮助他们跟上工作进度。比如，他们有可能记不住你说过的话，但如果你向他们发送邮件，他们就会对应该做什么工作心知肚明。

对话示例

在下列对话中，你将学习如何用果断自信的交流方式，既表现出对同事的同理心，同时又能解决他们注意力不集中、工作拖延的问题。你还将学习到，当你的同事是某个项目的直接联系人时，如何对他们进行激励和动员。下列对话的要点包括：如何应用"我"字开头的表达法表明自己的坚定和自信；提出建议和提出要求的区别；提出建议后如何表述理由。

如果位居经理等岗位的领导在工作中无法集中注

意力，将会导致工作积压，赶不上工作进程。如果他们在工作结束前不断检查下属的工作进度，就更会出现上述情况。大多数上级不愿意让人觉得自己的能力还不如下级。所以，在出现问题时，他们保护自己的意识比较强，不愿意正视自己的问题，不愿意承认自己的过失。需要注意的是，如果由于其他人工作不到位而引起工作延迟，你一定不要为此承担责任，不要成为替罪羊。理想的状态是，每个人都为自己的行为负责。有担当的人，既不会让别人成为替罪羊，也不会给其他人施加工作压力，故意让他们跟不上工作进度，以此掩饰自己的失职，逃避应该承担的责任。

经理：每年这个时候工作都很多。不要觉得我很快就能在你提交的医保赔付文件上签字。等我有时间，我会签的。

你：我知道每年这个时候您都很忙，不过问题是只有您签了字之后，我才能最终提交赔付文件。

经理：我将尽快审核你的文件，你不必急急忙忙把有关医保赔付的工作做完，你完全可以把工作分开来做。上周我们启动了一个质保项目，为什么你不在那个项目上做点工作呢？

你：我不想催促您。您告诉我这次的文件审核可能需要比往常更长的时间，对此我非常感激。目前工作很繁重，但我更喜欢医保申请单送到我这里之后马上处理。我当然知道，我处理的医保申请文件需要您签字后才能最终提交。我只是希望，如果我的文件提交时间早于您的预期，您也能够理解，不会对我有什么意见。

在上述情景中，"你"处理的医保赔付文件只有在经理审核并签字后才能最终完成。经理似乎不能按时完成工作，因而希望"你"放慢工作进度。然而，"你"强调"你"理解经理的苦衷，但同时明确表示，"你"喜欢在客户提出赔付申请之后马上进行处理，并且仍然想延续这样的工作方式。最后，"你"希望经理认可"你"的工作方式，不会因为"你"快速提交了文件而给"你"穿小鞋。

无法在职场集中精力工作的同事，同样会拖慢整个工作进程。例如，如果你和这样的同事在同一个团队，在这样的同事完成他们的工作之前，你无法进行下一步工作，整个团队的工作进程自然会放缓。需要注意的是，在和这样的同事就工作进行交流时，你应该表现出同理心，同时还要明确表达自己的需求。

平级同事：我似乎无法在处理医保赔付申请的同时展开质保项目的工作。处理完一批赔付申请之后，下面一批接踵而至，无穷无尽，导致我永远无法展开质保项目的工作。

你：每年这个时候人家都很繁忙，但是我们很快就要进行质保项目的汇报演示了。

平级同事： 我真是无计可施，不知道该怎么办了。我已经远远落后于工作日程，并且这段时间我总是疲惫不堪。

你： 我绝对能够理解，你在十分繁忙和劳累的情况下仍然要同时处理赔付申请并参与质保项目，这一定非常艰难。但是，我这里的工作同样令人应接不暇。我希望你能尽快将病人满意度调查报告交给我，以便我们能够准时进行汇报演示。或许你应该向经理汇报工作情况，请求支援。

在上述情景中，"你"的平级同事表示，同时做两份工作难度较大，几近崩溃。"你"对此表示理解，表现出了同理心。但是，"你"同时明确指出，质保项目截止日期马上就要到了。在这段对话中，"你"表达了自己的感受，明确了自己的要求，并且给同事提出了寻求帮助的建议。

如果下属是你客户的直接联系人，他们的工作疏忽会导致你负责的项目产生延迟。这些疏忽包括他们有可能在传递信息时缺乏及时性，或者漏掉了最重要的工作信息。同时，如果下属给客户留下了比较差的第一印象，损坏了你所在公司的名誉，你将不得不尽最大努力挽回损失。然而，亡羊补牢谈何容易。此外，在和出现问题的下属交流时，你既要表现出同理心，又要明确你的需求，以便出色地完成工作任务。

下属：我的电话一直响个不停！电话太多，有时候我甚至都忘了是谁打来的电话。我尽最大努力记录下来，但我忘了把信息传递给你。

你：你很忙，这一点我完全理解。但是对我而言，为了提交准确的医保赔付文件，我必须尽快知道病人对他们的账单是否有疑问，这一点非常重要。

下属：不过，每个人都需要等待。况且，我只是一名普通的接待人员。

你：我理解，你有时候非常忙。但是，我仍然希望病人对我准备的医保赔付文件有疑问时，你能立即通知我，以便我尽快解决问题。否则的话，病人们就会因为没有得到及时反馈而打来更多的电话进行咨询，甚至投诉，这反而会增加我们的工作量。我建议你向主管汇报工作情况，告诉主管电话太多，一个电话接听人员实在忙不过来。

在上述情景中，由于工作十分繁忙，作为唯一的一名电话接听人员，你的下属几近崩溃。在对话中，"你"表现出了同理心，同时"你"也解释了为什么需要尽早接到信息。当下属进一步抱怨时，"你"重申了自己的要求，并指出了不及时传递信息可能造成的严重后果。最后，"你"向对方提出建议，应该向负责人汇报实际情况，寻求支援和帮助。

设定边界

在设定你与不能集中注意力进行工作的同事之间的边界时，你一定要明确划分自己和他们的责任，否则就会出现问题。例如，如果某个同事因为无法集中注意力而造成工作延迟，你可能为了大局而去分担其工作，或者为了避免冲突而选择放慢工作进度，这些都是错误的行为。

在需要相互配合、互相协作的工作中，你要明确提出自己的需求。如果同事没有按时完成他们的工作任务，你也无法将自己手头的工作继续进行下去，这种情况屡见不鲜。例如，你的报告需要纳入同事的建议，但同事迟迟不能完成分内工作，进而拖累你的工作进程。

如果工作环境对同事专心工作造成负面影响，应当想方设法解决工作环境问题。

下面是设定此类边界的几条具体建议：

* 以书面形式跟进谈话内容：如果你所在的职场有注意力难以集中的同事，在告知他们你需要他们为某个项目做什么工作之后，你要马上写一封邮件对谈话内容进行确认，语气要恰当，不能趾高气扬。这样的话，他们就增加了一种工作提醒方式，不容易遗漏信息，这对团队工作大有裨益。同时，他们还可以通过邮件向你咨询问题，包括一开始并未想到的问题。此外，这些同事或许觉得，与当面提出问题相比，他们更喜欢通过邮件进行询问。如果是这种情况，那就更加皆大欢喜了。

* 避免频繁提醒：提醒同事相关工作时，频次要恰当，不要频繁提醒。如果你的第一次提醒并未奏效，随后的每次提醒都有可能使你感到更加沮丧，进而陷入恶性循环。这将进一步加大你的压力。

* 无规矩不成方圆：至于给同事留下多少缓冲空间，你
  一定要做到心中有数。如果他们仅仅是因为疏忽而没
  有跟上工作进程，给他们弥补的机会，也是人之常
  情，并无不妥。然而，一定不能让他们得寸进尺，养
  成坏习惯。你要制定明确的限制范围，并事先做好预
  案，以便在他们越界后有效应对。

* 书面记录延迟缘由：当同事告知你由于他们的原因而
  引起工作延迟之后，你一定要用电子邮件的方式跟
  进。如果工作最后受到了影响，有人指责是你的过
  错，电子邮件可以用来证明延迟的缘由，避免你成为
  替罪羔羊。

* 改善工作环境：改善工作环境能够帮助大家在工作中
  集中注意力。例如，如果工作环境过于嘈杂，正常工
  作将很难进行。如果条件允许，你应当将大家的工作
  地点调换到更加安静的地方。

* 评估同事工作量：你应当考虑你对同事的工作预期是否符合实际。如果他们工作负担过重，要尽可能减少他们的工作量。

* 富有灵活性：人们注意力集中的时间段存在差异，有的人上午专注度较差，有的则会在下午出现这种情况。你应当仔细观察，找到同事的最佳工作时间段，鼓励他们充分利用注意力最为集中的时间完成各项任务。

* 明确区分责任：切记不要为同事收拾烂摊子。对他们富有同理心，绝不意味着你应当承担他们的工作。

技巧总结

请记住，工作中难以集中注意力的人们常常事出有因，他们通常并非出于恶意。或许他们只是记忆力衰退，因而出现健忘、走神的状况。在工作中遇到这样的同事时，你可以采取多种方式与他们进行交流，包括改变他们的工作环境，降低他们的工作负荷。然而，不要越俎代庖地承担他们的工作。你所能做的也就这么多，如果想更好地解决注意力难以集中的问题，还需要他们自己找到问题的根源并加以解决。

「第四章」

如何与工作拖沓的
同事沟通

　　你的同事中有人工作起来杂乱无章、时间管理毫无章法吗？他们看起来忙忙碌碌，但实际上工作拖沓，长时间毫无进展。他们似乎跟不上进度，经常要求延期，这恐怕会使你难以忍受，郁闷不已。

　　无法进行有效的时间管理，或许是某种精神障碍的症状。如果你的同事在按时完成工作方面存在较大困难，那么也许他们患有某种精神疾病，其中包括注意缺陷及多动障碍、重性抑郁障碍、双相障碍和焦虑性障碍。尽管只有心理健康专业人士才能进行相关诊断，并判定病情是否已经引起时间管理问题。然而，了解无法有效管理时间的背后原因，可以帮助你与同事进行更好的沟通。你应该苦觅良策，妥善应对这一问题，避免因同事拖延而代人受过。

在本章中，你将学习如何应对同事常常无法按时完成工作的问题，尤其是如果同事患有注意缺陷及多动障碍时，应当如何采取应对策略。患有这种疾病并因此无法有效管理时间者，其处理信息的方式与常人存在差别，而这种差别的根源是他们儿童时期的神经网络发育存在异常。

加强与同事的沟通并设定边界，涉及方方面面，其中包括区分责任，保持工作连贯性，建立时间表，判定并排除障碍以及制订应急预案。

令人头疼的熟悉场景

迈克尔是一家电影公司的剧务，他的职责每天都不尽相同，其中包括接听电话、核对剧本、布置场景、约定日程、跑腿打杂以及其他一些行政工作。目前，他所在的公司正在紧张地制作一部电影。

迈克尔经常不守时，上班迟到。本周一和周二他按时上班，但周三迟到了30分钟，导致工作赶不上趟。正在他焦头烂额之际，制片人要求他把最新的剧本复印20份，并在下午1：00前准备完毕，以便分发给有关人员。剧本有120页，制片人特别强调必须装订。除此之外，目前公司正在向社会招聘一名实习生，迈克尔负责安排面试。制片人还告诉迈克尔，如果他忙不过来，可以选调一名目前在位的实习生帮助他复印剧本。迈克尔自认为能够完成这项工作，于是就拒绝了制片人的好意。

　　稍微喘息之后，迈克尔首先打电话给那几名实习生候选人，安排面试时间，因为他认为打完电话再去复印剧本应该来得及。然而，他低估了复印和装订需要的时间。打了一通电话，安排好面试时间之后，迈克尔决定去吃午饭。他觉得这花不了多少时间，因为饭店就在街对面。这样一来二去，当他开始复印剧本时，已经12：30了。

　　复印四份剧本之后，迈克尔觉得自己没有足够的时间完成复印工作，于是就停了下来，继续安排面试时间。这部电影的制片人同时还是迈克尔的主管，他发现迈克尔没有把全部面试列入工作日程表中，就进行询问。当得知迈克尔无法按时完成复印工作后，他调派了一名实习生去复印和装订剧本。按照原计划，演员和职员要进行"剧本围读"。然而，由于剧本无法在下午1：00前准备完毕，他们只能临时调整工作计划，导致许多人手忙脚乱。

周四，制片人让迈克尔确认，所有实习生面试时间已经安排妥当并且已经列入了日程表。那天晚些时候，迈克尔接到了两个电话，对方称接到了等候面试的通知，但却没有接到确认面试时间的电话。其中一个人认为电影公司管理混乱，甚至起了疑心。出现这种情况，迈克尔难辞其咎。

到周五的时候，制片人要求迈克尔在下周一前写出三本剧本的综合报告。迈克尔已经读了两本，但第三本还没有读完。他已经撰写了其中一本剧本的综合报告，但第二本剧本的报告还没有完成。迈克尔请求制片人给予宽限。然而，制片人似乎已经失去耐心，并没有同意迈克尔的请求，而是安排一名实习生撰写综合报告，这令迈克尔尴尬不已。

随着电影拍摄工作的进一步进展，制片人对迈克尔是否值得信赖、能否承担更多的任务感到担心，并认为迈克尔可能拖慢工作进程。迈克尔的同事们也怨声载道，因为制片人常常让他们分担迈克尔的工作。

当迈克尔同意接受一项工作时，他自认为能够按时完成。他绝对不想拖慢电影拍摄进程，但由于他做事拖泥带水，事情的结局总是与他的预期大相径庭。

解决问题

在职场中，时间管理技能较差的上级、平级同事和下属可能会增加你的工作负担，因为有时候你不得不弥补他们的工作缺失。同时，他们无法按时完工，意味着你也无法按时启动工作，进而拖累你的工作进程。你的上级中，有人可能会推卸责任，明明是他们自己工作能力有缺陷，但他们却把下属当成替罪羔羊。此外，请记住，有些人时间管理能力较差，并非他们故意而为之，而是他们患有注意缺陷及多动障碍。通常，他们也迫切希望能够按时完成工作。然而，由于在大脑处理信息方面存在障碍，对他们而言，准时完工绝非易事。

请注意，你要尽最大努力避免为其他人的拖延承担责任。工作出现延迟后，如果你的同事坦陈他们也负有责任，事情就比较好办。此时，你应当和同事进行讨论，就工作延迟给工作日程带来的不利影响以及如何开展后续工作达成共识。然而，如果你的上级时间管理技能较差，对你而言情况可能会比较棘手。他们可能不太愿意承认是他们的原因导致工作延迟，反而会尽力推卸责任，寻找替罪羊。在这种情况下，较好的处理策略是，尽量进行协商，努力寻求对双方都有利的解决方案。

对话示例

　　首先，通过下列对话的学习，你将学会如何提出建议，积极为你和你的同事提供问题的解决方案。随后，你还将学习如何避免承担额外工作。最后，你将获得一些技巧，确保你的同事知晓你对他们完成工作任务有什么样的期待。需要注意的是，一定要采取果断自信的方法进行沟通。

　　职场中常常出现这种情况：你的主管由于业务繁忙或其他原因导致工作延迟，但却要求你加班加点，追赶进度，在短期内完成某项工作。你要求给予更多时间，他们却对你横加责备，以避免工作延迟给他们自己带来伤害和耻辱。出现这种情况，你应当尽量与你的主管达成妥协，但不要代人受过。需要注意的是，和主管交谈后，你应该给主管写一封邮件，阐述工作延迟的起因。在邮件中要总结谈话要点，语气要让人觉得你正在积极努力，确保达到双方的期望值。邮件可以这样开头：

"根据我们的谈话……",或者"根据我们的谈话要点,接下来……"。

主管: 我这里还有一本剧本需要你处理一下。制片人要求明天上午将这本剧本的综合报告和其他几本剧本的报告一起提交。对你来讲,按时完成,没有问题吧?

你: 我需要写五本剧本的综合报告,截止日期都是明天。您知道,我还有两本没有写出来。

主管: 我上周就打算将这本剧本发给你,但我的事情太多了。制片人要求明天提交剧本综合报告,对你来说,多一本应该问题不大吧?我相信,你只需花几个小时就可以把剧本看一遍并写出综合报告。

你: 您非常忙,有时候会忘记及时将任务派发给我,这一点我非常理解。然而,如果下次您需要我写报告，请尽早告知我。这样的话，我就会有充足的时间，工作质量就会有保证。您能否请制片人推迟最后期限？这样的话，我就可以提交令制片人满意的报告。

在上述情景中，"你"的主管由于疏忽大意，导致本应该一周前向"你"分派的任务直到最后一刻才分派给"你"。然而，最后期限并没有推迟，无法争取更多的时间，导致"你"进退两难。但是，"你"的应对方式堪称经典：首先向主管提出请求，不希望今后重蹈覆辙。随后，"你"强调慢工出细活，恳请给予更多时间，让主管无法拒绝。

你的平级同事当中，有些人在时间管理方面也可能存在缺陷。他们或许有点漫不经心，总是询问问题，请求你的指导和支持。你也许希望鼎力相助，但他们的问题会打断你的工作进程，减少你的有效工作时间。

平级同事：上周我们要阅读的剧本太多，以至于我有时候记不得已经读过哪些剧本。你是怎样做到有条不紊、齐头并进，并按时写出剧本综合报告的呢？

你：大多数情况下，读剧本时我会做笔记。有时候，故事情节非常吸引人，我几乎记得所有内容。

平级同事：以前我们一起接受培训的时候，业务开发总监给我们讲过怎么在结构和节奏方面做笔记，你还记得具体内容吗？我要是当时记下来就好了，现在我全忘光了。

你：我要读的剧本非常多，你在我读剧本时问这些问题，可能会导致我没有足够的时间把它们读完。我现在需要全神贯注地完成工作。手册里面有模板，你参考一下，或许问题就会迎刃而解。

在上述情景中，在"你"忙于工作时，"你"的同事连续提了好几个关于他的工作的问题。"你"明确告知同事，"你"忙得不可开交，需要集中精力完成自己的工作。同时，"你"建议同事查阅手册，独立解决问题。

你向下属交代工作后，他们不可能每次都把你对工作的具体要求记得清清楚楚。为了确保他们对目前的手头工作了然于心，你最好让他们报告一下他们对工作的认识和理解，但不要摆出高高在上的态势。采取这个办法后，你就能够对他们是否理解你的指令胸有成竹，并且在必要的时候进行澄清和解释。如果他们在这种情况下仍然不能顺利完成工作，他们就很难以你的指令不明确为借口而把责任甩锅给你或其他人。

下属：好的！我知道今天下午你们要进行"剧本围读"，我现在就马上准备剧本。

你：为了确保不出现纰漏，请给我讲一下我的要求是什么。

下属：你让我把最新剧本复印25份并装订。

你：是的。我还要求你在今天下午2：00之前把剧本分发给有关人员，以便按计划准时进行剧本围读。如果你有不明白的地方，请尽快告知我。谢谢！

在上述情景中，"你"通过恰当的对话，确保下属正确理解了"你"的指令。此外，"你"的语气非常得体，丝毫没有居高临下的姿态，让人觉得"你"确确实实是在进行善意提醒。

设定边界

与不善于进行时间管理的人打交道，同样需要设定边界。其中的技巧包括：区分责任、减少打断和干扰、设立时间表以及寻找完成工作的备选方案。很显然，设定有效边界需要你对工作流程非常熟悉。

同时，你还需要检查同事的工作环境，找到并排除影响工作效率的障碍。如果你处于管理岗位，这一点的重要性尤其突出。

下面是设定此类边界的几条具体建议：

❊

* **熟悉工作流程**：你应当熟悉每名同事在工作流程中的位置和角色。如果你是一名管理人员，在这方面你更应该成竹在胸。你一定要事先明白每一个环节必须完成哪些工作，以及谁应当负责完成这些工作。很明显，如果一名同事不能按时完成工作任务，就有可能引起其他同事的工作延迟，进而拖累整个团队。因此，你既要分清责任，又要提前采取措施，尽量避免此类情况的发生。

* **设定时间表**：明确设定你需要完成工作的日期和具体

时间。在设定截止日期时，可以打一些提前量，以便留有余地，解决各种意外情况。如果工作比较复杂，可以将工作划分为不同阶段，这会有助于同事明确各阶段的任务。工作被细分之后，每个人都可以根据时间表调整自己的工作，有利于协调一致，保持工作进度。

* 通过电子邮件记录时间调整：如果某项工作延迟导致工作计划被迫调整，一定要书面记录下来。提醒同事时间表已经调整之后，最好保留书面证据。这样的话，如果工作最终出现什么问题，别人也就没有理由指责你应对不当。实践证明，电子邮件是比较好的记录方式。

* 值得信赖：如果你是一名管理人员，你要让你的团队人员知道，如果他们在完成工作时遇到困难，你是他们的依靠。要让他们相信，他们可以毫无顾忌、随时随地向你求助，并且你一定会竭尽所能，鼎力相助。

如果你的下属丝毫不担心求助会引起你的反感，那么他们在工作中遇到阻力时就会更愿意向你寻求帮助。

* 召开会议检查工作进度：在进行团队项目时，要召开必要的会议让每个人报告工作进展情况。这样做既可以适时检查工作进度，明确每个人对团队的责任，让大家了解项目的整体进展情况，又可以让他们展示自己的专业技能。此外，在这样的会议上，大家还可以集思广益，帮助那些遇到工作障碍的同事找到问题的症结，制定应对策略。

* 善于微观管理：管理人员要在指导与微观管理之间取得平衡。如果你的某个下属未能完成某项工作，你或许很难相信这位员工下次能够做得更好，因而你就会频繁检查其工作。其实，这样做会适得其反，因为如果员工觉得你在时刻监视他们的每一个动作，他们的工作动力和士气将会受到打击，进而影响整个团队的工作效率。

* 无规矩不成方圆：如果同事仅有一次没有按时完成工作，你或许觉得可以理解。然而，如果这种事情一再发生，你可能会心生积怨。此外，纵容同事工作拖沓的坏习惯，将会一而再，再而三地拖慢工作进程。你需要在时间管理方面制定规矩，告诉同事你的底线，并在同事越界后立即解决问题。

* 警告后果：明确告知同事，工作拖沓不但影响整个工作进程，还会给其他人的工作造成困扰。要事先发出警告，让在时间管理方面有缺陷的同事明白，如果第二次不能按时完成工作将会面临什么风险。要大胆、明确地指出工作拖沓的严重后果，督促有关人员加强时间管理。

* 确认并解决问题：要求你的同事查找在完成工作方面的障碍，帮助他们找到克服这些障碍的锦囊妙计。同时，要求他们在以后的工作中采取具体措施，加强时间管理，按时完成工作任务。

📝 技巧总结

　　制定完工时间表，充分认识同事缺乏时间管理的危害。提前预判，如果某名同事无法跟上工作进程，哪些员工的工作将受到拖累。这样就可以未雨绸缪，出现问题后立即解决，让工作重回正轨。

第五章

Chapter

如何与言而无信的
同事沟通

　　你的同事中是否有人言而无信，不遵守自己的诺言？他们承诺将准时向你提交报告，然而却屡屡失信，导致你在工作截止日期前手忙脚乱，狼狈不堪。他们有时信誓旦旦，表示不会让你承担某些工作，然而一转眼却忘记自己说过什么，仍然把那些工作强加于你。你或许对他们的借口无比厌倦，经常帮他们收拾烂摊子也让你怨声载道。然而，最令你崩溃的是，即使他们这样为人处事，也照样毫发无损。上面这些情况之所以发生，是因为这些人经常能迷惑他人，并施展小伎俩使自己受益。

言而无信的同事很可能有被动攻击行为，他们患有人格障碍疾病的可能性比较大，其中包括边缘型人格障碍和自恋型人格障碍。虽然只有心理健康专业人员才能诊断这些精神疾患，但学习此类精神障碍的相关知识，在同事表现出与此类人格障碍类似的行为时加以判断，能够帮助你在压力下沉着应对。这样的话，你在应对同事的行为时就会充满信心和力量，而不是除了生气和其他负面情绪之外毫无办法。

在本章中，你将学习如何判断某位同事是否患有人格障碍，并且找到应对他们被动攻击行为的方法。你还将学习一些提高沟通能力和设定有效边界的技巧，其中包括保护个人隐私、不让他们左右你的情绪以及避免陷入不必要的冲突。

令人头疼的熟悉场景

卡洛琳是一家服装店的经理。由于在过去几周内有四名员工相继辞职，现有雇员不得不承担额外的工作，卡洛琳不得不急急忙忙招聘新人。经过几周的努力，她终于招聘到四名新员工，其中包括玛丽娜。

卡洛琳非常喜欢初来乍到的玛丽娜，对她非常热情。其他员工注意到，玛丽娜的排班最为理想，工作也最为轻松。显然，卡洛琳非常关心和照顾玛丽娜。卡洛琳与玛丽娜谈个人私事，她甚至给玛丽娜详细讲述自己跟男朋友吵架的细节，并且在背后说其他同事的坏话，令玛丽娜感到尴尬不已。她说话非常具有侵略性，问了玛丽娜许多私人问题，包括家庭背景、是否有男朋友以及为什么来服装店工作。虽然玛丽娜对如何回答这些问题心存疑虑，但认为讲一些个人的私事也无伤大雅。通过交谈，卡洛琳了解到，玛丽娜是一名在校大学生，来服装店工作是为了挣钱补贴学费。卡洛琳告诉玛丽娜，她对玛丽娜兼职打工非常钦佩，并且许诺玛丽娜，为了学业上的事情可以随时向她请假，不必有什么顾虑。

有一次，玛丽娜提前三周告诉卡洛琳，自己需要请三天假去准备期末考试，请卡洛琳提前安排好排班。然而，卡洛琳忘记了此事，直到玛丽娜在预计假期的前一天再次提起请假事宜，卡洛琳才想起来，并且不得不准假，导致其他员工工作很被动。虽然玛丽娜早已提前请假，但卡洛琳认为玛丽娜有意跟自己作对。她对玛丽娜心生怨恨，认为玛丽娜做事考虑不周，把个人利益置于集体利益之上。然而，卡洛琳只是心中窝火，暗中生气，并没有直接公开表露自己的怨气。

趁玛丽娜请假不在岗位之际，卡洛琳对手下员工谎称玛丽娜临时请假，导致她们不得不承担额外工作。卡洛琳本来有三周时间可以用来调整工作，但却把玛丽娜当作替罪羊。玛丽娜回来上班之后，吃惊地发现同事们对她的态度不友善。她们似乎对她很生气，抱怨由于她不在岗位，其他人要承担更多工作。当玛丽娜告诉同事们她提前三周请假之后，她们才知道卡洛琳撒了谎。

玛丽娜回来后，卡洛琳对她冷若冰霜，与以前相比判若两人，这令玛丽娜迷惑不解。玛丽娜打招呼时，卡洛琳视而不见。不得不进行交谈时，卡洛琳也很少与玛丽娜有眼神交流，即使有也是投以凶狠的目光。卡洛琳还给玛丽娜穿小鞋，不顾及此前的承诺，将玛丽娜安排到收银员的岗位上，因为她知道，玛丽娜在这个岗位上会感到紧张，很可能出错。果然，玛丽娜犯了几次错误，卡洛琳借此机会对玛丽娜大加鞭挞并拒绝为其调换工作岗位。玛丽娜本想打工挣钱，支付部分学费，但目前出现这种状况，她感到压力倍增，无法承受，只得提出两周后离职。玛丽娜猜测，如果让卡洛琳写推荐信，一定不会有什么好的结果。她让一位朋友给卡洛琳打电话，假装需要一封自己的推荐信。不出所料，卡洛琳在信中不但对玛丽娜毫无溢美之词，而且字里行间尖酸刻薄，说尽了玛丽娜的坏话。于是，玛丽娜决定不把卡洛琳当作自己的推荐人，而是选择了另外一名经理，从而逃脱了卡洛琳的控制。

最终，玛丽娜成了这家服装店三个月内第五个辞职的员工，卡洛琳很难接受这一现实。然而，她百思不得其解，不明白玛丽娜为什么要坚决辞职，毫无留恋。

解决问题

与言而无信、有被动攻击行为的同事打交道充满挑战，原因之一是他们对其他人的敌意并不明显。当你勇敢说出自己的想法，维护自己的权利时，他们很可能认

为你具有侵略性，损害了他们的利益。由于他们的行为
建立在你的反应之上，因此与他们互动时避免采取过激
反应是重中之重。一个比较好的方法是，把与他们的谈
话内容以书面形式记录下来，避免以后他们不认账，因
为他们经常言行不一，说一套做一套。

这样的同事还经常打探你的私事，对此你或许已经
见怪不怪。患有人格障碍疾病的人员当中，有些有被动
攻击行为。他们不尊重与其他人之间的边界，经常越
线，持续挑战你的底线。因此，遇到这样的同事时，应
当尽快解决好与他们的关系，越早越好。

如果你的同事患有人格障碍，由于积重难返，他们
通常非常不愿意改变自己的行为。让他们承认自己的行
为干扰了职场工作效率，绝非易事。因此，最佳策略是
尽量避免与这样的同事打交道。如果实在躲不开，就减
少互动时间。

对话示例

通过下列对话，你将学习如何提醒同事遵守诺言、避免误入陷阱而错怪其他同事，以及保护个人隐私。

如果你的上级患有边缘型人格障碍或自恋型人格障碍，他们经常言而无信，不遵守此前许下的诺言。患有此类人格障碍疾病的人，通常在幼年时期遭受过创伤和背叛，因此他们对信任和遵守诺言的理解已经扭曲。他们经常在你最脆弱的时候打破此前的诺言，危害性很大，甚至会毁掉你的职业生涯。遇到这样的上级，你最好书面记录下他们的承诺，提醒他们双方曾经达成的一致。如果他们言而无信，死不认账，你就拿出书面证据。这样，在请求更上一级的领导主持公道时，你可以拿出确凿证据，维护自己的利益。

经理：促销开始以来，一天到晚客流不断，收银台忙得不可

开交，我需要你去收银台帮忙。你看，排了那么长

的队！我确实需要你加入收银员团队，好吗？

你：你知道我有焦虑症，收银本来就不是我的本职，不是吗？

经理：我仅仅需要你帮一周的忙，等促销结束，一切就会万

事大吉。你能不能别再抱怨了，只需要一周即可。

你：当初我申请这份工作的时候，我们谈论过这一问题。

我们当时达成一致，如果忙不过来，我可以帮助展

示商品和给货架上货。同时，由于我经医院诊断患

有焦虑症，你当时同意我入职后不必直接面对顾

客。也许你已经忘记了我们当时交流的内容，我可

以把电子邮件发给你一份。

在上述情景中，经理本来已经答应不会派"你"去

收银台工作，并且"你"还保留了电子邮件作为证据。

当经理派"你"你去收银台工作时，"你"提醒经理你

们此前达成的约定。然而，经理继续向"你"施压，想让"你"对不加入收银员团队产生负罪感。这时，"你"坚持自己的立场，毫不退让，并表示自己有电子邮件作为证据。

你的平级同事或下属也可能存在同样的问题。他们当中有些人毫无信用可言，经常挑拨你与其他人的关系，以便混淆视听，浑水摸鱼，让你孤立无援。当然，其他人也可能在背后议论过你，但这些人会在你面前添油加醋，谎话连篇。即使他们说的是实际情况，也是心怀不轨，居心不良。如果你充满自信，工作出色，他们就会愤愤不平，嫉妒不已。他们还会向你打探个人隐私，假装要帮助你或者更好地了解你。然而，他们真正的目的是找到你的弱点，并在以后利用这些弱点对你进行有针对性的攻击。当你不愿意透露个人隐私的时候，他们就会指责你孤僻高冷，难以接近。要记住，不要在意这些无端的指责，也不要在他们面前流露你真实的感情。

平级同事： 很高兴你加入我们的团队。你知道，纽约是一座物价很高的城市，但我喜欢这里，一直在这里生活。你是纽约人吗？你一个人住吗？你在上大学，你怎么支付学费呢？

你： 我期待着尽我所能，为我们的团队贡献力量。

平级同事： 我只是想更好地了解你，这样的话，我也许可以给你提供一些帮助。另外，团队成员之间如果更加熟悉，我们的团队就会更加团结。我已经告诉了你我的一些个人情况，为什么你不告诉我你的一些小秘密呢？

你： 我刚才已经说过，我将尽最大努力帮助我们的团队，但我不想在职场讨论私人话题。

在上述情景中，"你"的平级同事首先以加强团队团结为名，连续询问一些"你"的私人问题。然而，

"你"坚持自己的原则，拒绝回答。"你"还表示，愿意为团队贡献力量。但是，这名同事并不甘心，继续向"你"施压，打探"你"的个人隐私。这时，"你"重复了刚才所说的话，表示将融入团队，发扬团队精神。同时，"你"非常明确地指出，不愿意在工作场合谈论个人隐私。

下属：你也许已经听到了这样的传言，这里的人们笑里藏刀，当面一套，背后一套。刚才还和你亲如密友，无话不谈，转眼就在你背后说尽你的坏话。这样的说法并非空穴来风，而是确实如此。有人在背后一直不停地说你的坏话，把你贬得一文不值。我觉得他们之所以不喜欢你，是因为这只是你的一份临时工作，而他们在这里却无法脱身，进退两难。

你：我想，你最好还是别告诉我哪些人在背后议论我。

下属：我只是想告诉你他们在背后说些什么，因为你应当知道他们对你的真实看法。如果有人背后谈论我，我也想让你给我通报信息。这有什么不妥吗？

你：你和同事谈论什么是你个人的事情。从今往后，我希望你不要再将别人在我背后议论我的话告诉我。这样一来，我们俩都可以不再分心，而是将注意力集中在工作上。

在上述情景中，一名下属告诉"你"，有人在背后说"你"的坏话。"你"回应称，对流言蜚语不感兴趣，希望对此类事情采取置之不理的态度。但那名下属并不死心，继续向"你"施压，企图让"你"产生负罪感。然而，"你"不为所动，再次重申了自己的观点，并指出这样做对双方有什么样的好处。

设定边界

在设定你与言而无信、有被动攻击行为的同事之间的边界时，重要的一点是记录其此前的承诺，保留证据。对这样的同事，决不能只听其言，而要观其行。书面记录是有效的证据，能够证明他们曾经做出了什么样的承诺，使其无法抵赖。

在设定边界时，一定要控制情绪，保持冷静。有被动攻击行为的人经常玩弄小伎俩来激怒你，让你对自己产生怀疑，打击你的自信心。控制情绪是一项核心技能，如果你能做到这一点，你就会更加冷静沉着，更富有安全感。

设定边界的另一个关键要素是保护自己的隐私，不在职场谈论个人问题。有被动攻击行为的同事经常会撒谎，他们会冠冕堂皇地告诉你，他们只是想更好地了解你，诱使你吐露个人信息。然而，实际情况是，一旦你将个人隐私告诉他们，他们很快就会八卦起来，四处传播你的秘密。更糟糕的是，他们还会在你最孤立无援、最脆弱的时候利用你的隐私攻击你，给你造成严重伤害，令你苦不堪言。

下面是设定此类边界的几条建议：

❋ ···

* 保留书面证据：例如，你可以写一封邮件，内容包括："关于我的工作时间问题，我想进行确认。我的工作时间为下周一至周四下午2：00至晚上10：00。"请注意，有些同事喜欢从混乱中获取好处，他们还经常口头向你传达不正确的信息，并以此嫁祸于你，损害你的名誉。

* 保护个人空间：如果你不喜欢拥抱同事或者彼此之间的距离过近，不要强迫自己改变习惯，对此也不要有什么压力。如果有同事闯入你的个人空间，让你觉得不舒服，你可以调整一下自己的位置，与同事保持让

你感到舒适的距离。当同事伸出手和胳膊触摸、拥抱你的时候，你可以抬起手，示意他们不要那么做。

* 避免单独相处：言而无信、两面三刀的同事会经常找机会与你单独相处，目的是对你进行恐吓和欺凌。如果让他们得逞，由于没有证人，你很难支持自己的主张。

* 缩短互动时间：在与言而无信、有被动攻击行为的同事交流时，你和他们互动的时间越长，他们就越有时间做消极评论，或者趁机询问个人问题。通过减少接触时间，你可以确保自己的能量不被他们的消极情绪所消耗，这有利于你维持自己的工作效率。

* 不必过分证明自己：此类同事通常有较强的不安全感，让他们承认别人的工作比自己做得更好难于上青天。对他们中的许多人而言，无论你做得多么好，他们都不会满意。因此，对你而言，聪明的做法是不要

试图用勤奋和成绩让他们回心转意。

* 保护个人隐私：职场谈话的焦点是工作，不要偏离这
  一核心。言而无信的同事通常态度很强势，他们会在
  开始与你接触时给你小恩小惠，骗取你的信任。然
  而，一旦他们觉得自己受到了怠慢或冷落，他们就会
  马上翻脸不认人，对你进行大肆攻击。

* 保持冷静：即使同事制造事端，把情况搞得天翻地
  覆，你也要心平气和，不要对这样的局面太过在意。
  你要有心理准备，他们的目的是让事情升级，迫使你
  做出反应。这时候你要尽可能平心静气，不要落入他
  们的圈套。

📝 技巧总结

　　一些同事之所以会言而无信，具有被动攻击行为，主要是因为他们缺乏自尊，害怕被拒绝。这些人制造混乱，打击他人，目的是让人觉得他们可以掌控局势。与他们打交道时，要尽可能留有书面证据。受到质疑时，他们很可能会歪曲事实，倒打一耙，指责你不易相处。

如何与自我膨胀的
同事沟通

　　在你所在的职场中，有没有事事都要占
上风的同事？他们态度粗暴，伤人感情，利
用一切机会显示自己势力强大，不可冒犯。
除此之外，他们还挑三拣四，吹毛求疵，极
力贬低你和你的工作业绩。与这样的人共事
让人精疲力竭，因为他们似乎总是得寸进
尺，永不满足。如果你周围有这样的同事，
你还会感到自己常常处于被动防守的地位。

这样的同事有可能患有自恋型人格障碍。由于自己常常陷于感情痛苦的泥沼，他们似乎见不得别人快乐幸福、无忧无虑。他们经常与他人进行比较，永不满足，于是就尖酸刻薄地侮辱他人，以使自己感觉良好。虽然只有有资质的心理健康专业人员才能诊断他人是否患有人格障碍，包括自恋型人格障碍，然而，如果你的同事中有人故意惹恼你，想让你忍气吞声、低三下四，那么你最好还是学一些能够应对他们的锦囊妙计。这样的话，你就不必以其人之道，还治其人之身，而是能够运用更好的方法从容应对。

在本章中，你将学习如何判定哪些同事可能患有自恋型人格障碍，并找到与他们打交道的策略。在与这些同事打交道的过程中，如果你希望加强沟通能力并设置好边界，你就必须从多个方面着手，其中包括必须对自己的强项和软肋心知肚明，知道什么时候他们会颠倒黑白、扭曲事实，以及如何保持冷静，避免落入圈套。

令人头疼的熟悉场景

克里斯托弗在一家出版社工作，是营销部的一名高级经理。最近几个月，他所在的部门员工流失率很高，办公室气氛高度紧张，员工疲惫不堪，做事草率，心情沮丧。克里斯托弗经常批评手下的几名初级经理，并且喜欢在周末或节假日前给他们发电子邮件，告诉他们负面消息，扰乱他们的心情。虽然克里斯托弗对几名初级经理的工作吹毛求疵，几乎全是负面评价，但他从来不指出他们的具体错误，无法帮助他们进步和提高。初级经理们敢怒不敢言，不愿意与克里斯托弗发生正面冲突，于是就把自己的手下当成出气筒。

克里斯托弗把开会当成是自吹自擂、刷存在感的最佳时机。他人摇大摆地走进会议室，似乎"老子天下第一"，仅仅这一点就让同事们极度不适。此外，他每次开会至少要迟到10分钟以上，并且从不对等待他的团队成员说声抱歉。他还是典型的双标人物，自己迟到天经地义，但是如果有人比他还要晚，他就会恶语相向，不留情面。

在上一次会议中，克里斯托弗对自己的周末活动极力吹嘘。他告诉大家他和自己的哥哥一起参加了一个晚宴，并至少三次告诉大家他哥哥是一位投资银行家。他对晚宴上的菲力牛排和高档红酒赞不绝口，并向大家炫耀他和名人的合影。他这么夸夸其谈不当紧，15分钟的会议时间已经被他浪费得无影无踪。然而，当其他与会人员提出重要话题时，克里斯托弗却显得极不耐烦，表示没有足够的时间对此进行讨论。

最近，克里斯托弗把攻击目标放在了一位名叫詹妮弗的初级经理身上。詹妮弗拥有硕士学位，克里斯托弗对此心生嫉妒，担心詹妮弗会取代他的位置。在向詹妮弗打招呼时，克里斯托弗从来不用詹妮弗认可的称呼，因为他觉得詹妮弗选择的称呼过于正式。于是，克里斯托弗经常给詹妮弗取外号，并用外号称呼她，或者在没有征得同意的情况下，用詹妮弗的昵称去称呼她。在团队会议上，克里斯托弗从不与詹妮弗进行眼神交流。詹妮弗发言后，克里斯托弗极少发表评论，即使发表评论，也是极尽讽刺和挖苦。其他团队成员敢怒不敢言，没有人敢挑战克里斯托弗的权威和行为方式。詹妮弗的同事本来很喜欢她，也钦佩她的工作业绩，然而，看到克里斯托弗这样对待她，大家也开始有意疏远她。

一天，克里斯托弗和詹妮弗进行了单独交流。从办公室出来后，詹妮弗看起来心神不宁，好像在担心什么。原来，克里斯托弗要求她采取一切手段帮助他赢得项目，即使采取超出她秉性范围之外的行动也在所不惜。克里斯托弗告诉詹妮弗，在陪他出席商务晚宴时，要特别注意妆容、发型，还一定要着裙装。但是，詹妮弗陪同克里斯托弗出席晚宴时并没有那么做，这导致克里斯托弗非常生气。他不向出席晚宴的其他人介绍詹妮弗，把所有的工作成绩归于自己，却对詹妮弗的贡献只字不提。

一周之后，克里斯托弗指责詹妮弗工作失职，没有管理好市场营销人员。然而，实际情况是，其他高级经理并没有抱怨詹妮弗的工作问题，客户的反映也非常好。从此之后，克里斯托弗开始给詹妮弗分派她不可能完成的工作，对她进行刁难，以便找借口解雇她。

后来，克里斯托弗得到消息说，詹妮弗很快将提出辞职，于是就变本加厉地对詹妮弗进行刁难，威胁她要付出代价，并且不会给她写充满溢美之词的求职推荐信，这导致詹妮弗在离职前的两周里忧心忡忡，几近崩溃。

然而，令人悲哀的是，克里斯托弗似乎并没有意识到他领导的部门出现问题的根本原因，反而觉得只要招聘更好的员工，一切问题便可迎刃而解。

解决问题

与其他有人格障碍问题的人一样，患有自恋型人格障碍的人意识不到是自己的行为出现了问题，因而抗拒改变。如果你不得不在职场与这样的同事打交道，你会感到筋疲力尽，甚至会对自己的为人和能力产生怀疑。

患有自恋型人格障碍的同事常常观察和研究其他人，尽力寻找他们的不安全感以及好恶。随后，这些人就会利用这些信息，将其他人置于不利地位，以便增强自己的安全感和优越感。他们常常态度恶劣，挑战他人底线。为了不让这样的同事得寸进尺，当他们首次越界的时候，你一定要明确表明自己的立场，用行动告诉他们，自己的底线不容挑战。当你不得不与他们打交道时，一定要保守自己的秘密，不谈论个人隐私，并且尽量缩短对话时间。很多情况下，最好的策略是尽量避免与这样的同事打交道。

患有自恋型人格障碍的同事经常扭曲事实，颠倒黑白。因此，你在对他们的行为做出反应时，要控制好情绪，避免情绪失控。否则，你就落入了他们的圈套，给他们的无理取闹提供了借口。此外，你要对自己的能力和优缺点有清醒的认识，如果觉得无力应对，你应该从你信任的人那里寻求可靠的反馈和帮助。

患有自恋型人格障碍的同事还常常无缘无故大发雷霆，并且对那些敢于反抗他们的人耿耿于怀，伺机报复。因此，如果你与他们进行过交锋或者向上级汇报过有关问题，你要对后续可能会发生的冲突有充足的心理准备。最后，你还需要做好退出计划，以便在事情变得无法忍受时抽身而退。

对话示例

通过下面的对话，你将学习在同事试图贬低你时，如何勇敢面对以及如何维护自己的利益。此外，你还将学习如何应对非建设性的批评。

患有自恋型人格障碍的人如果处于管理岗位，他们或许会设法让手下人产生不安全感，以便自己从中谋取利益。他们的攻击目标常常是那些为人友善、工作积极努力的员工，因为他们会觉得这些员工对他们而言是一种威胁。如果他们的权威和优越感面临挑战，他们就会如坐针毡，心神不宁。一旦发生这种情况，他们就会尽快采取行动，重新抢占上风，以维护自己的地位。他们会表现得对你不尊重，包括用你不喜欢的称谓称呼你，不经过你的同意用昵称称呼你，以及拒绝使用恰当的称谓称呼你。他们这样做的时候，还会常常寻找借口，声称用这种方式称呼你是为了显得更加亲切。然而，实际情况是，他们只是将一种称呼强加到你身上，并不考虑你本人的感受。他们还会对你的工作质量横加指责，但却不指出具体问题或提出具体建议。其实，大多数情况下你的工作并没有问题，患有自恋型人格障碍的人们之所以批评你，只是为了让他们自己感觉良好。总之，他们这样做的目的，是为了让你产生不安全感，刺激你做出负面反应，以便让他们更加自命不凡。

经理：詹，你的PPT演示需要改进，质量起码要提高三倍。现在这样演示给客户肯定不行。你到底怎么回事儿啊？你想让我们无法和客户达成交易，永远失去客户吗？加把劲儿，詹！

詹妮弗：你最好还是叫我詹妮弗。我也非常希望与客户达成交易。但是，我的PPT演示具体需要改进哪里呢？

经理："詹妮弗"这个称呼太正式了！不要介意那么多，在这里，我们都是一家人。你不知道具体需要改进哪些地方？如果你连这都不知道，怎么能升职为高级经理呢？好了，对这件事不必大惊小怪，只要尽快完成就好了。

詹妮弗：就像我刚才说的，我希望你以"詹妮弗"来称呼我。同时，我想让我的PPT演示尽量完美。你说我的演示有许多不足，需要改进。我非常希望你给我指出具体问题在哪里。如果我知道怎么做才合乎要求，我一定会做得更好。这样的话，我们就很有可能和客户达成交易。

在上述对话中，经理上来就两次以"詹"这个昵称称呼詹妮弗，显得对詹妮弗不够尊重，因为他并没有事先得到詹妮弗的同意。当詹妮弗明确指出应当以什么样的名字称呼自己时，他倒打一耙，以建立团队亲密关系为由，试图让詹妮弗感到是自己有问题。然而，每次经理以"詹"称呼詹妮弗时，詹妮弗都明确告诉经理应当怎么称呼她。此外，当经理对她的PPT演示提出批评后，她要求经理不要泛泛而谈，而要指出具体问题，对症下药，以便让她有的放矢，尽力与客户达成交易。

患有自恋型人格障碍的同事会经常告诉你，怎么样才能把工作做得更好。他们会不请自来，主动向你提建议。在他们看来，他们有绝佳的锦囊妙计，如果你遵循他们的建议，就会做得更好。然而，他们与其他人接触时，常常具有侵略性，给人一种居高临下的感觉。

平级同事：你对下属太好了，这样的话，他们怎么能尊重你呢？

你：你这话什么意思呀？

平级同事：我只是随便说说而已。我父亲是一家"财富500强"公司的首席执行官。去年他在接受媒体访问时说，与让人尊重相比，让人感到害怕更为重要。你还是听从我的建议吧，让他们害怕你，这样你就可以控制他们。他们中的大多数刚出校门，渴望做出成绩，渴望出人头地。无论你让他们做什么，他们都会言听计从。

你：在我管理团队成员的时候，我还是喜欢采取合作的
态度。

在上述情景中，这名平级同事不请自来，以帮助
"你"为借口，向"你"建言献策。他以做高管的父亲
为例，试图证明自己的建议绝对正确。然而，"你"不
为所动。当同事对"你"的管理方式提出批评时，"你"
并没有显得受到了冒犯，而是告诉同事"你"喜欢采取
的管理方式，并且没有越俎代庖，告诉这名同事应该如
何管理下属。

患有自恋型人格障碍的下属常常怀有不安全感，嫉
妒心强，不愿意为那些他们觉得比自己地位高的人提供
服务。他们还经常对别人进行讽刺和挖苦，以使自己的
感觉好一些。

下属：嗨，亲爱的！你的客户刚才打了电话，他们把会面时
间调整到了上午11：00，参加人员只有你和你的客

户。这可有点不同寻常啊！真不敢相信，你如此年轻，他们就这样信任你。我一定是越来越老，不中用了。

大卫：你最好别叫我"亲爱的"，应该叫我大卫。还有，我希望你最好不要就我的年龄和我的工作公开发表意见，你留在心底就好了。

下属：我也算是历经风雨的老江湖了，这些客户为达目的不择手段。如果你不提防着点，他们就会直击你的要害。我刚才只是想提醒你。

大卫：我刚才说过了，那是你的个人意见。我只是希望，今后你不要再与我分享你的观点。

在上述情景中，当下属称呼大卫"亲爱的"的时候，大卫立即进行纠正，毫不含糊，绝不模棱两可。他还明确地告诉下属今后如何互动，这就为他们将来的交

流方式奠定了基调。此外，如果下属今后明知故犯，大
卫就能够以此次对话为证据，让对方自知理亏，哑口
无言。

设定边界

对于可能患有自恋型人格障碍的同事，如果想要设
定好与他们之间的边界，你必须要对自己的强项和弱项
心知肚明。当他们针对你的不安全感找碴儿挑衅时，如
果你流露出胆怯和不自信，你就落入了他们的圈套，因
为他们巴不得你有这样的反应。与此相反，如果你对自
己有正确的认识，有较强的安全感，他们就很难撼动你
的自信心。

与这样的同事设定边界时的第二个要点是，如果他
们颠倒黑白，歪曲事实，你要能够立即识破。他们会经

常撒谎，以至于变得对自己的谎言深信不疑。他们还可能向你提供虚假信息，给你捣乱。

最后一个要点是，在此类同事面前要保持冷静，不要流露出强烈的情绪。他们喜欢奚落和激怒别人，以使自己感觉良好。即使别人对他们进行反击，他们也不在乎。别人对他们的行为置之不理，才是他们最担心和害怕的。

下面是设定此类边界的几条建议：

❋

* 用电子邮件跟进谈话内容：留下书面证据，以便在必要时向上级提交你对事件的记录。如果他们从来不回复你的邮件，说明他们做不到事事有回应，这本身就说明问题出在他们那里。

* 请求指出具体问题：如果他们对你的工作提出批评，你要尽量让他们指出具体问题。即使你的工作质量很

高，他们也会挑三拣四，试图让你相信你的工作质量不佳。如果他们能够如愿以偿，让你对自己产生怀疑，他们就会觉得自己了不起，更加自鸣得意，甚至当着你的面狂笑不止，毫无顾忌。这些人把自己的快乐建立在别人的痛苦之上，毫无同理心。

* 明确告知自己的称谓：当他们第一次没有用你喜欢的称谓称呼你时，你应该马上纠正。有时，你还不得不多次告诫他们，因为他们会假装忘记了你对他们的警告。患有自恋型人格障碍的人常常没有尊重对方的意识，他们会故意把你名字的发音发错，甚至会拒绝使用"女士""医生"等这样的称谓。

* 避免孤立无援：这些同事还可能会挑拨团队成员之间的关系。他们常常在其他同事面前说你的坏话，把你说得一文不值。同时，他们又会在你面前打小报告，谎称其他同事在背后对你指指点点。他们之所以这么做，是为了使你和其他同事产生隔阂，让你们无法互

相支持。他们这样做还有另外一个目的，那就是让你在职场失去信任，进而陷入孤立无援的境地。

* 保护个人隐私：也许你会认为，和同事聊天时透露自己的个人隐私无伤大雅。然而，实际情况是，你的个人隐私可能会成为别人将来伤害你的把柄。因此，在工作场合不要谈论个人的小秘密。

* 避免单独相处：和可能患有自恋型人格障碍的同事相处时，最好有第三者在场，因为如果单独相处，当他们认为你在批评他们，或者他们自己的愿望无法得逞时，他们就会大发雷霆。一旦发生这样的事情，他们的言行将会非常恶劣，很可能对你造成伤害。

* 正确认识自己：对自己的优缺点有客观、清醒的认识，这样的话其他人就无法利用你的缺点对你进行打击。

📝 **技巧总结**

可能患有自恋型人格障碍的同事会经常打压其他人，提升自己的良好感觉。在与他们的交流中，不要给他们的无理举动提供借口，也不要让他们的行为改变你对自己的认识。

如何与事必躬亲的
同事沟通

在职场，有些同事的行为令你心烦意乱。他们似乎不信任你，常常检查你的工作进展情况，却从来不做分内之事。此类行为会损害职场环境，但它们的起因并非一定是精神障碍。

在本章中，你将学习一些实用技巧，应对导致你工作不愉快的同事。这类人事必躬亲，他们想控制你工作的方方面面，连一些鸡毛蒜皮的小事都要插手。

令人头疼的熟悉场景

你的同事中是不是似乎总是有人在监视着你，时刻对你的工作指手画脚，强迫你按照他们的方法行事？他们事无巨细，不停地检查你的工作，令你崩溃，甚至使你对自己的工作能力产生怀疑。其实并不是每一个事必躬亲者都患有精神障碍。然而，如果他们确实患有精神障碍的话，他们患有强迫型人格障碍或者焦虑性障碍的概率较高。

玛格丽特是一所高中的校长，她有一个缺点，那就是过分干预老师们的工作。今年由于经费不足，老师们在教学中面临较大压力。在一次会议上，音乐老师提议发起众筹活动，希望在6个月内筹集一万美元购买音乐器材。虽然大多数老师都觉得这个主意不错，对此表示支持，但玛格丽特却犹豫不决。她谨小慎微，担心会出什么纰漏，询问了一个又一个问题。最终，她还是批准了这次活动。

批准了众筹活动之后，玛格丽特本该放权，让老师们自己策划和展开这项活动，但玛格丽特却事无巨细，事必躬亲。她亲自告知有关人员如何撰写众筹公告和电子邮件，具体到每一个词语，甚至提出自己亲自撰写。她告诉全体老师，筹得善款（在线捐款除外）后，要立即向她汇报，而不是每周末汇报一次。这意味着老师们每天都要从繁忙的工作中抽出时间汇报获得捐款的情况。为了确保老师们按照她的要求去做，她还每天到各个教室去巡视，检查筹款情况。

玛格丽特没有受过音乐训练，并非音乐专业人士。然而，在音乐老师带领学校合唱团进行排练时，她经常不顾班门弄斧之嫌，到场指导。她提议合唱团团员应该站在哪个位置，以便提高歌唱效果。她甚至提议音乐老师对歌曲进行改动，以便歌声听起来更加激情澎湃，乐观向上。

学校图书管理员也对玛格丽特校长的行为颇有微词。玛格丽特在一周之内多次去图书馆检查工作，并告诉图书管理员多订阅一些平面杂志。虽然图书管理员告诉玛格丽特，喜欢阅读平面杂志的学生非常少，但玛格丽特坚持认为，如果订阅的平面杂志多的话，学生们就会自然而然地喜欢阅读此类杂志。

玛格丽特非常关心毕业考试的准备情况，力求让更多的学生顺利过关。她每周都会去听课，每个班级都要听好几次，以便确保每个老师都按照她的要求授课。她的这种行为给老师们造成巨大压力，使他们倍感压抑。此外，玛格丽特还向全体老师下达指示，要求他们让每个学生汇报每晚在学习上花了多长时间。她还主动提出亲自给学生们上复习课。这意味着她不得不早出晚归，甚至牺牲周末时间，但她本人乐此不疲。校长亲自授课令学生们丈二和尚摸不着头脑，而老师们则对自己的教学能力开始产生怀疑。由于校长多次出现在教室里，要么听课，要么亲自授课，导致学生们开始怀疑自己的任课老师是否有能力帮助他们通过考试。

最终的结果是，老师们对玛格丽特怨声载道，见到她就躲着走，这令她困惑不已。她无法理解自己为学校、学生和老师付出了那么多心血，为什么还得不到老师们的认同。

解决问题

事必躬亲者通常都位居管理岗位，或者本身就是老板，但也可能是平级同事或者下属。应对事必躬亲的各级同事，需要设立切实可行的时间表，约定核对工作进度的频率和具体时间。其中的关键点是，此类工作应该在项目开始前约定好，让每个人都能预判自己和他人的工作进度，保证每个人都按计划推进自己的工作进程。

你的同事中，或许有人不停地询问你的工作进度，给你造成干扰。因此，在项目开始前，你要和同事们商量好，多长时间核对一下工作进程，以及用什么方法进行核对。例如，是每天核对一次还是每周核对一次？是当面核对还是通过电子邮件核对？如果你的同事事无巨细都要亲自过问，那么，确定核对时间和方法，可以极大地减轻你的困扰，使你能够把更多的时间应用到工作当中。

有些人之所以事必躬亲，常常是因为他们担心如果别人的工作质量不佳，他们将会为此承担责任。因此，建立流程去证明你的工作质量和进度，不失为一个打消他们顾虑的绝佳方法。例如，你可以列一个进度清单，记录已经完成的工作。实践证明，这种方法非常有效。你还可以和你的老板或对你不太放心的同事提前沟通，请他们向你说明他们对工作质量的具体要求是什么。这样你就可以在你的工作中体现那些要求，使他们对你的工作结果感到满意。

对话示例

有些同事可能会不请自来，检查你的工作或者给你提建议，令你不胜其烦。在下列对话中，你将学习一些技巧，从而有效地应对此类同事。同时，在核对工作方面，你还将学习如何合理安排时间以及确定恰当的方法。

你的上级可能会不断询问你的工作进展情况，并且让你方方面面都按照他们的指示去做。

校长：我知道你和合唱团的同学们都非常努力，但有些地方唱得不太对，效果不尽如人意。你有什么办法让歌唱效果更好一些吗？

你：这么说来，您有一些建议了？您认为哪些地方不太对呢？

校长：有些地方听起来就是有点不太对。合唱团唱歌曲第二段的时候，声音似乎太低了。在这一部分，嗓音比较低的同学要停下来，不要再唱了，只让嗓音高的同学唱。我知道你和同学们都很努力，我之所以提建议，只是希望大家唱得更好一些，这一点请你理解。我明天去听你的课，并且在下次排练的时候我还会到场，以确保同学们为比赛做好准备。

你：我明白，您是说第二段声音太低，不过这一部分本来就应该这么唱。至于您打算经常听课和在排练时进行现场指导，我还是希望每周在办公室向您汇报一次。这样的话，我就会有更多的时间与合唱团一起排练，以确保他们参加地区比赛时状态良好。

在上述情景中，校长告诉"你"如何指导合唱团进行排练，并且想参与"你"的教学以及下一次排练。"你"首先询问校长，问题具体出现在哪里。校长指出具体问题后，"你"承认校长有提意见的权利，但同时表达了自己的看法。"你"用坚定的语气表示,希望用自己在音乐方面的专业知识和技能来指导合唱团进行排练。

设定边界

设定你与事必躬亲者之间的边界,关键是在既不被过分打扰又能保证充分沟通之间取得平衡。也就是说,保证足够的工作时间很重要,但也要和同事保持良好沟通,确保大家协调一致,为完成工作共同努力。

下面是设定此类边界的两条具体建议:

❀

* 采用质保客观标准:你的老板或许对你的工作质量不放心。然而,你怎么判断自己的工作质量是否符合老板的要求呢?怎么断定老板是否仅仅对你一个人吹毛

求疵而对其他人却高抬贵手？如果工作标准不断调整，你又该怎么办？这些都是你需要考虑的问题。因此，在工作项目开始前，你要弄清楚老板将如何判断你工作质量的高低。此外，你最好采用诸如进度检查清单之类的客观标准，用以证明自己的工作质量。

* 商定专门时间评估工作进程：希望全身心投入工作，不愿意浪费时间，以便将工作做到极致，提高工作质量，这是非常正常的现象。为了保证足够的工作时间，你需要和同事就下列事项事先达成一致：多长时间检查一次工作进程？采用什么方式进行检查？当面检查，还是通过电子邮件、电话进行检查或者是兼而有之？

❇

技巧总结

　　事必躬亲者通常对自己的能力信心不足，并且会影响其他人的自信心。与这样的同事打交道时，事先要商量好核对工作进程的频率和具体时间。此外，还要采用客观标准，证明自己的工作质量。

如何与拒绝承担新责任的
同事沟通

令人头疼的熟悉场景

在职场，有些人拒绝承担新职责。他们按时上班，完成工作，然后下班回家。他们希望自己的日常工作一成不变，害怕变革，不愿意学习新事物，不愿意承担新职责。简而言之，他们不愿意迈出自己的舒适区，跟不上时代的脚步。

我们不能断定每一个有这种行为的同事一定患有精神障碍。然而，如果他们确实患有精神障碍的话，概率较高的是重性抑郁障碍、双相障碍、焦虑性障碍和注意缺陷及多动障碍。他们的表现可能是极度焦虑，担心不能承担新的工作职责；也可能是极度消沉、抑郁，无法学习新事物，或者无法承担新工作。

大卫是一所大学商学院的教授，他在那里已经就职很长时间。他的问题是不太适应学院的政策变化。虽然学院一直鼓励使用网络，但他曾经在相当长的一段时间内怀有抗拒心理，拒绝使用在线方式给学生布置作业或与他们沟通。尽管他的同事们很快意识到了网络带来的便利，马上把网络应用到工作当中，但大卫却选择用传统的方式继续工作了很长时间。

几年来，大卫一直负责一个小型实验室的运作。他是博士生导师，但他的奇葩之处在于，老生不毕业，他就不招收新生。此外，大卫的大多数同事都在论文委员会担任主任委员，每年负责指导两个或三个学生的论文。然而，虽然有些学生希望大卫担任论文委员会主任委员，帮助他们完成论文，但却被大卫无情拒绝。不但如此，大卫还拒绝担任论文委员会的普通委员。

大卫不愿意承担更多的工作，令他的同事们迷惑不解。大卫曾经私下告诉同事，帮助学生完成一篇论文需要几年时间，并且还有截止日期。然而，在几年时间内都要面临截止日期带来的压力，令他无法承受。他说他喜欢按部就班，不喜欢变化，因为变化将在相当长的时间内导致工作性质发生改变。他还表示，他不愿意承受指导论文带来的压力，而更愿意把精力放在教学上，因为那些课程他已经教过很多年，上起课来轻车熟路，得心应手。

虽然大卫对学院的新政策适应起来比较慢，但院长喜欢他教授的课程和教学方法。院长建议大卫开设一门新的金融课程，具体内容由大卫本人来定。大卫认真思考了这一建议，但似乎觉得难以从命。每次院长谈起此事，大卫都先表示感谢，随后就找理由推脱。一开始，他告诉院长自己没有时间。后来，他又说不敢确定学生们是否感兴趣。

大卫对教学乐此不疲，也愿意带几名博士生。院长对他非常信任，希望他开设新课程，这使他感到非常荣幸和自豪。然而，他始终想不明白的是，为什么要改变，为什么要承担新职责，按部就班、一成不变不是很好吗。

解决问题

有些人之所以不愿意承担新职责，原因有很多，其中包括害怕学习新事物以及没有足够的精力去承担新工作。如果你在这样的人手下工作，你会感到没有激情，士气低落。如果拒绝承担新职责的人是你的平级同事或下属，你的工作量就有可能增加，原因是领导经常把工作分配给不好意思说"不"的人员。如果发生这种情况，你可能会不堪重负，进而导致工作质量下降。

要解决这个问题，你首先需要重新评估那些不愿意承担新职责的同事的角色和责任，还要评估你或者你的同事对各自的角色和责任是不是存在误解。例如，可以考虑下列问题：同事有必要承担新职责吗？承担新职责时有无过渡期？承担新职责后，会升职加薪吗？此外，你可以和同事开诚布公地谈话，告诉他们迎接挑战、承担新职责将会给他们自己以及工作单位带来什么益处。

其次，你要找出具体障碍以及如何排除这些障碍的方法。或许你的同事愿意承担更多的工作，但可能觉得已经超负荷工作，并且没有人对其进行支持。如果你处于管理岗位，你应该想方设法为手下员工排忧解难。例如，如果你的下属承担新职责后不得不加班工作，导致上午9：00上班有困难，你可以灵活一些，让他们10：00再来上班。

对话示例

在下列对话中，你将学习怎样才能识别同事承担新职责时遇到的挑战，以及如何应对这些挑战。

例如，你的一名平级同事缺乏团队精神，不愿意在团队项目上做更多的工作。有一天，你们有下面的对话：

平级同事：你邀请我参加本科生实习项目后，我整个一周都在思考这个问题。这是一个好项目，非常感谢你邀请我参加。但是，我现在还不能参加这个项目。

你：我还是希望你再考虑一下。你知道，只有在另外一名教授帮助我开展这个项目的情况下，主任才会批准这个项目。这个项目一定会给学生提供极大的帮助，尤其是那些申请研究生学习资格的同学。你一定能行。你现在有哪些顾虑呢？

平级同事：增加工作量后，我希望能够加薪。此外，我还需要减少《经济学基础》这门课程的授课量，以便我有足够的时间参与这个实习项目。

你：好的。你也再考虑一下有没有别的问题。如果你乐
　　意，我可以请主任和我们两个就这个项目进行面
　　谈，我将会支持你的想法。我相信，你加入之后，
　　这个项目一定会如虎添翼。

在上述情景中，"你"计划启动一个商业实习项目，但是需要另外一名教授的帮助。"你"表达了对那名教授的赞赏，向他解释为什么需要他的帮助，并弄清楚了他的后顾之忧。最后，"你"提出两个人一起与主任面谈，并保证支持那名教授的要求。

设置边界

在设置你与不愿意承担新职责的同事之间的边界

时，你一定要弄清楚自己的职责范围。这一点非常重要，因为其他人的工作有可能被重新分配到你的头上。在那些工作职责不明、项目开始之后临时抓壮丁的职场，这种情况屡见不鲜。

此外，设置这样的边界时，要弄清楚同事犹豫不决、不愿意承担新职责的原因，尤其是当你处于管理岗位的时候。一旦你弄清楚了阻碍他们承担新职责的障碍，帮助他们扫清相应的障碍或许就容易多了。

下面是设定此类边界的三条具体建议：

* **分清职责**：你一定要弄清楚自己的职责范围，这样的话，当有同事不愿做分内之事，导致任务被分派到你头上的时候，你就能迅速辨别其中的不当之处，据理力争，维护自己的利益。

* **劳有所获**：如果别人的任务分派给了你，你不应该默

默接受，而应该询问有什么补偿，是否有升职或加薪，确保自己的工作有所回报。

* 识别和清除障碍：你需要找到同事不愿意承担新职责的具体障碍，他们是需要更多的支持，减轻工作量，还是想要加薪？有时候，承担额外工作或许只是令他们不太适应，克服这样的障碍并不困难。例如：如果有的同事不擅长公共演讲，而新增加的工作却要求他们经常在公众场合发言，他们就会畏缩不前。找到了问题的根源之后，你就可以有的放矢，帮助同事克服障碍，勇敢面对新的挑战。即使达不到这样的目的，在他们为什么不愿意承担新职责这一问题上，你也将会有更加深刻的理解，有利于展开以后的工作。

📝 技巧总结

　　同事不愿意承担新职责，常见的原因是他们个人或者工作环境存在不足。你应该想方设法识别相关障碍，并尽可能将它们清除，或者鼓励你的同事寻求帮助，克服个人困难。

如何与把分内工作
强加于人的同事沟通

令人头疼的熟悉场景

在你所在的职场，是否有工作懈怠，但工作进程却遥遥领先于其他人的同事？是否有同事采用欺骗、恐吓等手段，把自己的分内工作强加于人，最后却独吞全部或大部分功劳？

在职场上，这样的人屡见不鲜。虽然他们不一定患有精神障碍，但如果他们确实患有精神疾病的话，概率较高的是自恋型人格障碍和边缘型人格障碍。

蒂芙尼就职于一家大型娱乐公司，是该公司仅有的两名活动策划人员之一。一个月之后，有一部电影将举行首映式。经理非常信任蒂芙尼，就把首映式的策划权交给了她。客户方面目前的要求是希望活动场所温馨、高端、大气。在获得专项经费之后，蒂芙尼开始预定活动场所，准备节目，还为重点活动以及首映式后的酒会请了摄影师。此外，她还必须掌控好活动的整体状况以及每个细节。

与此同时，蒂芙尼还负责为另外一家电影公司策划一个小型庆祝酒会。这家公司崭露头角，前程远大。由于电影首映式牵扯了很多精力，蒂芙尼在这个小型酒会的策划上感到力不从心，赶不上工作进程。于是，她就请同事梅洛迪协助策划这个小型酒会。梅洛迪在活动策划上还是个新手，并且这个活动不属于其工作范围。刚开始，蒂芙尼只是请梅洛迪帮一些小忙，包括在选址上咨询她的意见，请她帮忙听一听备选的背景音乐以缩小选择范围。梅洛迪觉得这些都是举手之劳，自己又有时间，所以就爽快地向蒂芙尼提供帮助。

然而，随着电影首映式日益临近，蒂芙尼在压力之下变得得寸进尺，向梅洛迪提出了更多、更大的要求。

蒂芙尼请梅洛迪去现场考察几个场地，帮忙选出最合适的一个。遭到婉言拒绝后，蒂芙尼又希望梅洛迪帮她查看备选摄影师寄来的作品，以便敲定最终的摄影师。蒂芙尼向梅洛迪许诺，将来一定投桃报李，在梅洛迪遇到困难时鼎力相助。蒂芙尼还表示，梅洛迪做了这些工作之后，可以将这段难得的经历写进履历，将来一定会受益匪浅。然而，由于梅洛迪正在策划自己负责的活动，事务繁忙，再加上蒂芙尼的要求令她不爽，就不再继续提供帮助。

此事的最终结果令蒂芙尼迷惑不解。她似乎弄不明白，既然同处一个团队，为什么梅洛迪却不肯帮忙？

解决问题

职场中，有些同事喜欢把自己的分内之事强加于

人。与这样的同事打交道，需要明确职责。这一点其实
并没有那么容易做到，尤其是在那些职责界限模糊或者
职责内容没有形成书面材料的工作场所。如果职责一清
二楚的话，其他同事很难将他们的工作强加于你，但这
并不是说他们会打消占便宜的念头。例如，在没有事先
对你进行培训或者不打算给你升职的情况下，你的经理
要求你带一名新员工。在这种情况下，你最好与经理进
行讨论。你需要明确告诉经理，让没有经验的人承担这
种工作风险较大，最好选派经验丰富、轻车熟路的同事
承担此项工作。

如果你和同事在学生时代学习的专业相同，目前
又承担同样的工作，那么你要尽力避免无缘无故承担他
们的职责。否则，你自己的本职工作将会受到影响。例
如，你和某位同事在同一家研究所担任研究员，他请你
输入本应该由他自己输入的数据。如果你心慈手软，承
担了他的工作，你自己的工作质量就可能会下降。很显
然，这对你本人的名誉和你所在单位的声望都绝非好事。

然而，如果你的老板非常难以相处，经常给你分派额外工作，那么你有些时候不得不折中妥协。这时候，你要尽力为额外工作争取回报，尽量减少利益损失。

对话示例

在下列对话中，你将学习如何明确职责，如何在承担额外工作时表达自己的诉求，以及如何应对把工作强加于你的老板。

你的上级可能会让你去承担本应该由他们承担的工作。更令人无奈的是，他们还想把功劳据为己有。

经理：还记得上次我向你提到的电影首映式吗？现在我需要

你为这个首映式找一名摄影师。

你：我们的客户在会议上请您为他们挑选一位摄影师，要求是能够按照他们所希望的那样捕捉精彩瞬间，塑造他们的品牌。您当时自告奋勇地告诉他们，您将亲自为他们挑选合适的摄影师。

经理：我当然知道这回事。问题是我现在要同时策划五场首映式活动，纵使我有三头六臂，也无法一个人独自完成。现在我只是让你帮助挑选摄影师，最终决定权还在我这里。换句话说，真正挑选摄影师的人还是我，我只是让你帮个小忙，这点团队精神，你应该还是有的吧？

你：其实我们每一个人手头都有一些备选摄影师。我建议，我们商定一个时间，两个人一起查看备选摄影师寄来的作品，缩小选择范围，直至敲定最终人选。我个人认为这是一个不错的办法，不知您意下如何？此外，这件事情对我的个人发展是一个良好的机会。所以，我希望您能在下次会议上告知客户我在这件事情上所做的工作。我将通过邮件和您就此事继续进行沟通和跟进。

在上述情景中，经理本来许诺亲自为客户甄选摄影师，但随后却试图将工作转嫁给"你"。但"你"沉着应对，不卑不亢，提醒经理他所做的承诺，表示这项工作超出了"你"的工作范围。"你"主动提出妥协建议，希望两人共同挑选摄影师，而不是独自承担此项工作。此外，"你"还想办法锁定了该工作带来的收益，保证自己劳有所获。

设定边界

有些同事总是想方设法把工作强加于你。在设定与他们之间的边界时，一定要在工作开始之前明确职责范围。如果大家的工作性质迥然不同，要强调越俎代庖所带来的风险。如果工作性质大同小异，则要强调承担额外工作可能会影响你本人的工作质量。

另外一个需要关注的要点是，如果你的上级非常难以相处，喜欢把工作强加于你。那么，在设定与上级之间的边界时，你要机动灵活，设法达成妥协。在上级分配给你额外工作时，尽量不要照单全收，而要找到折中方案，确保自己的额外劳动有所回报。

下面是设定此类边界的两条具体建议：

❖ ··

* 明确职责：在工作项目开始前，要明确每个人的具体职责，说明划分职责的原因。如果有书面的工作职责文件，要仔细阅读，做到胸有成竹。一定要注意，如果你去承担自己不擅长的工作，那么不但你的工作质量难以保证，而且客户和同事也很难满意。

* **寻求妥协**：在工作中采取灵活的态度非常重要，有时候我们需要进行妥协。如果你的上级在你指出他们的问题时不以为然，态度强硬，你也不必针锋相对，而要尽力达成妥协。最理想的情况是，既不牺牲自己过多的精力和时间，又能使自己的额外工作得到认可和回报。此外，最好书面记录双方达成的一致结果，以维护自己的利益。

📝 **技巧总结**

　　为同事承担工作，既减少你自己的工作时间，又减轻他们的职责。当有同事试图将工作推诿给你时，你一方面要明确告诉他们各自的职责范围，另一方面要向他们强调，你需要集中精力做好自己的本职工作，否则自己的工作质量无法保证。如果你同意帮忙，同样要明确具体要做哪些工作，并确保自己额外付出的劳动不会付诸东流。你要记住，没有必要为了别人而过多牺牲自己的时间和精力。

「后记」

　　你或许会对本书前几章所描述的诸多场景感到似曾相识。在读到上述场景时，你很可能会摇头叹息，因为你会回想起那些痛苦的时刻——被人责骂、遭人议论、无端受辱、受人操纵、被要求达到不切实际的预期……如果你当时孤立无援，不得不辞掉来之不易的工作，或者因为职场压力过大而导致心理和生理健康受到伤害，你会更加痛苦不已，暗自神伤。

　　不幸的是，在应对职场不良关系方面，许多单位并没有未雨绸缪，有的职场负责人甚至对糟糕的工作氛围视而不见，任其发展。如果你在这样的"有毒"职场中工作，你将和许多员工一样，在遇到职场问题时求助无门。有时候，即使是人力资源部门也无法给你提供帮助，令你倍感失望。也许，人力资源部门首先考虑的是公司的利益，而非员工的心理健康和工作稳定性。如果你所在的职场人际关系很糟糕，而人力资源部门缺乏相应的支持，甚至对职场"有毒"行为推波助澜，那么你或许应该问一下自己，要不要辞职走人，另谋高就。

在你所在的职场中，谈论心理健康问题或许并不被你们的职场文化所接受，而指出职场问题无异于自讨苦吃。如果你身处领导岗位，你更应该能够轻易地识别降低工作效率、打击团队士气的行为。或许你可能已经找到了一些方法，更加有效地去应对破坏职场氛围的员工，进而改善职场环境，为大多数人谋取利益。但是，你或许仍然感到力不从心。

无论你是普通员工还是身处领导岗位，本书都能给你提供支持，帮助你在遭遇职场人际关系困境时从容应对。其实，职场中充满了各式各样的人，没有人完美无

缺。那些做出职场不当行为的同事或许另有苦衷——有
可能是因为前一天晚上没有睡好觉，或者是和所爱的人
闹了别扭。然而，此类生活压力导致的不当行为往往是
短暂的。如果职场"有毒"行为具有极端、长期和顽固
等特征，就要考虑精神障碍是不是元凶。本书讨论了多
种精神障碍，并指出它们可能是你的同事有职场不当行
为的起因。

事实上，每个人在生命中的某个时刻都可能遭遇
精神障碍问题，你的老板、平级同事、下属甚至你本人
都概莫能外。然而，需要指出的是，我们注意力的焦点
应该是"有毒"行为和环境，而非"难相处人群"。在
和同事相处方面，没有人能够一直顺风顺水，不遇到任
何挫折。或许，在本书描述的情景中，你会找到自己的
身影。你要相信，难以相处的同事的行为能够改变，但
他们自己要做出决定，寻求专业治疗。难以相处的同事
当中，有的人认为自己的行为并无不妥，有的人则认为
没有必要去寻求专业治疗。许多有精神障碍的人要花费

很长时间才能意识到他们的行为影响到了他人，自己的生活也同样深受其害。之所以会这样，是因为这些人当中，有的不知道如何寻求帮助，或者担心被污名化；有的则害怕改变，感到不知所措。总之，基于各种各样的原因，患有精神障碍的人往往要花费很长时间才能获得帮助。

那么，在这种情况下，你应该做些什么呢？缺乏支持、工作时间苛刻、职责不明、投诉无门、糟糕的沟通和低效管理，这些因素都会导致你身心疲惫。在这样的"有毒"职场环境中，同事的行为会损害你本人的身心健康，这一现象并不令人感到奇怪。你或许弄不明白，为什么只有你是那个需要改变的人，而你的同事似乎能够为所欲为。长时间忍受职场的"有毒"行为之后，你或许会感到绝望、生气、沮丧、焦虑和愤恨。所幸，本书的建议可以帮助你应对这种局面。

本书所列的建议，都建立在实证技巧之上。这些技巧的目的是帮助你改善与同事互动的策略，其中包括与同事交流时要果断、自信，以及要设立与同事之间的恰当边界。然而，如果你果断、自信，你的部分同事可能会感到不适应。你勇于表达观点，他们会感到不习惯，甚至会觉得受到了威胁。他们还可能会产生抵触情绪，甚至指责你具有侵略性。让我们假设一下，即使出现上述情况，你仍然坚持自己的做法，继续努力改变"有毒"的职场环境。然而，最终的结果并不如你所愿。

在这种情况下，你又该怎么办呢？你可以向相关机构和专业人员求助，或在有关网站上查找相应的信息。你还要评估自己所处的具体环境，做出是否离职的决定。如果你觉得离职是最佳选择，最好制订离职计划。同时，你还需要认真考虑自己的技能水平和工作经验，在更换工作和转换职业之间做出选择。

上述经历也许能够使你认识到你目前所处行业的阴暗面，促使你考虑要不要转换职业。你可以选择边工作边寻找新的工作机会，也可以立即辞职，靠以前的积蓄支撑一段时间。对你而言，离职也许给你提供了一个机会，让你以开启新的职业生涯的形式渡过目前的难关，甚至，你还可以自己创业。辞职前，要计算寻找工作期间需要多少生活费，咨询他人在辞职和求职方面的经验教训，并选择你信任的人给你写求职推荐信。最后一点非常重要，因为在"有毒"职场，即使你本人的工作很出色，但由于你敢于表达自己的想法，你的上司可能对你心存芥蒂，伺机报复。如果真的发生这种情况，他们就不会在推荐信中对你有溢美之词，反而会有意贬低你。然而，你或许对此浑然不知，直到你发现自己总是被用人单位婉拒，才会去怀疑以前工作单位的上司是不是在推荐信上做了手脚。

另外一种情况是，你决定联系心理咨询师等心理健康专业人员，寻求有针对性的专业服务。如果你仍然在职，接受这样的心理健康治疗，可以帮助你解决情感问题和具体问题。情感问题主要是关于如何识别和排除职场负面思想和情绪。例如：在职场氛围不佳的情况下，你是否一想到自己要承担的职责就异常紧张？别人对待你的方式是否令你怒气冲天？具体问题则可能会涉及本书所讨论的技巧。例如：你怎么才能更加果断自信？如何设定自己与同事之间的边界？

如果你已经离职，寻求专业化帮助去应对"有毒"职场后遗症，仍然不失为一个好主意。许多人即使离开"有毒"职场已经很长时间，但依然感到心痛、羞耻、生气、沮丧和震惊。你或许对当时同事对待你的方式感到自责，认为是自己的错，或者会忍不住回忆和谈论此前糟糕的职场经历，一遍又一遍地揭自己的伤疤。更为不幸的是，此前的工作经历令你痛苦不堪，你害怕再次闯入类似的职场，因而拒绝寻找新的工作。然而，接受心理健康治疗，可以帮助你克服这种恐惧。

下决心接受心理健康治疗和选择合适的治疗师，绝非易事。你可以让初级保健医生给你推荐心理健康专科医生，也可以在网上查询和选择医生。许多心理健康专科医生会提供免费的网上咨询服务，通过和医生的交流，你可以获得相应的帮助。和医生交流时，要大胆提问，包括询问他们是否遇到过与你类似的病人以及相应的治疗情况。在治疗过程中，你可能会遇到困难情况，但接受治疗可以提升你的信心、洞察力和灵活性，还可以帮助你改善行为方式。这些积极效果将使你的治疗物有所值。

此外，你或许还想在入职前判断新职场是否为"有毒"职场。虽然你只有到了工作岗位之后才能真正体会到真实的职场氛围。但是，你在入职前仍然可以进行观察和评估。接到面试通知之后，你要用心观察和体会那里的职员与你交流的方式。他们与你交流时用什么样的语气？传递的信息是否清晰明了？是否用你喜欢的称谓称呼你？回复邮件或接申话时是否及时？他们的言行是否一致？如果面试是在线下进行，你还可以观察到更多的情况。那里的职员是否牢骚满腹或者焦虑不安？是否愿意告诉你他们的职场经历？他们的职责是否明确？此外，你还可以了解为什么你申请的那个职位出现空缺，以及此前的职员目前在哪里就职。这些信息都有助于你判断新职场的工作氛围。

入职之后，你也许会觉得实际的工作体验与此前的预期不尽相同。然而，即使新的工作体验不那么令人愉快，你此前的经历也并非毫无价值。通过回顾在"有毒"职场环境中学到的经验，你能够帮助你本人和同事在将来做得更好。这样的话，无论你决定坚持下去还是辞职走人，你都会具有应对"有毒"职场关系的能力。我的愿望是，无论是现在还是将来，每当你走入职场时，你的内心都充满力量，做好了应对职场混乱和不当行为的充分准备。